心を守りチーム力を高める

EQリーダーシップ

ノンフィクションライター
近藤弥生子

日経BP

はじめに

1秒間に浮かぶ考え方次第で、180度違う結果になる

あなたは怒り、悲しみといったネガティブな感情とどのように向き合っていますか？

今この瞬間も心の中に、何かしらの不満を抱えてモヤモヤしていることがありますか。

私はネガティブ感情のコントロールが苦手です。湧いてきた不満や怒りを身近な人にぶつけてしまう癖（くせ）があり、それが長年にわたって人間関係にさまざまな支障をきたしてきました。自覚はあるので、アサーション（自己表現）トレーニングに通ったこ

ともあります。

私はネガティブな感情が湧いてくること自体は悪いことだと思っていません。ただ、湧いてくる感情を我慢して押し殺し続けても、きっといつか爆発してしまいます。それに、他者への恨みつらみを募らせるということは、ただただ自分が苦しみ続けることに他なりませんから、結局のところ何のメリットもありません。

では、どうしたらいいのでしょう？

長年の持病のように、なかなか解決できない感情の癖に悩まされていた私でしたが、ひょんなことから暮らし始めた台湾では、職場での人間関係に悩む人がとても少ないといいます。

日本生まれの日本育ち、公務員の父とパート勤務の母という、ごく普通の家庭環境で育った純ドメスティックな私が結婚を機に台湾に移住したのが今から13年前。勤め先の台湾企業内で自分の事業部を立ち上げ独立したり、台湾で育児をしたりする中で、最も鍛えられたと思うスキル、それが〝心の知能指数〟と呼ばれる「EQ

（Emotional Intelligence）」です。

台湾人は、仕事でもプライベートでも、このＥＱを非常に重視します。

仕事上で何らかのトラブルがあったとき、スタッフがミスをしたとき……。感情に任せて機嫌を悪くするような上司は「ＥＱが低い」として尊敬されることはありません。逆に、自分の感情をコントロールしながら、相手を否定することなく冷静に対応できる上司は「ＥＱが高い」と一目置かれます。対応にユーモアがプラスできると、一気に好感度が上がります。

台湾で暮らすまでＥＱという評価軸が自分の中になかった私は、この文化の違いにとても驚き、同時に、これが切実に自分に足りていないと思い知ることになりました。

クライアントや社長から、理不尽な無理難題を言われたとき。

職場で自分の悪い噂が流れたり、部下からあれもこれも嫌だと文句を言われたとき。

大事なプレゼン当日の朝、子どもの幼稚園がクラス閉鎖になったとき……。

日々起こるさまざまな不条理やアクシデントにさらされ続けると、時に感情が爆発しそうになるのは当然ですよね。

興味深いのが、台湾ではネガティブな感情を抱くこと自体が否定されるのではなく、それを〝相手や周囲に影響させることをEQが低いと表現する〟という点です。要は**「感じ方」をどうするかではなく、「爆発させることなく、どう伝えるか」**という概念です。

遅まきながら私もEQを意識し始め、どうにか感情をコントロールしながら対処していると、不思議と周囲との関係が次第に良好になっていきました。どうやら台湾では「この人のEQは低くない」と感じてもらえると、協力者が増え、物事がスムーズに進むようなのです。「大成する人にはEQが欠かせない」と、よく言われます。

プライベートで会う友人との会話にも、「あの女優さん、またメディアからひどい質問されていたけど、すごく上手にかわしていてかっこよかった！」「彼女は本当にEQ高いよね」などという形でEQが出てくるので、みんな本当にこの概念を意識しているんだなと感じます。

そして、これまでは単に「文化の違いって面白いな」と意識する程度だったのが、ここ数年の間に「いや、これは今の自分、そして日本にも必要な概念かもしれない」と切実に感じるようになり、本書を書きました。

ＩＱ（知能指数）は生まれた時にある程度決まっているのに対し、ＥＱは自分自身で育てることができる能力です。私もこの本を書きながらＥＱを育てることを意識していたら、周囲から「変わったね」と言われることが多くなりました。そして何より、**ネガティブ感情を掌握できるようになると、他でもない自分自身が幸せでいられる時間が長くなる**ということに気が付きました。

〝能力を開発する〟と聞くと難しく感じられるかもしれませんが、私自身は「たった1秒間をコントロールするだけ」で、人間関係が劇的にスムーズになると感じています。そう聞くと、少しハードルが下がるように感じませんか？

なお、次の項目が当てはまる方はすでに十分なＥＱを備えていらっしゃるので、本書は必要ないかもしれません。

●自分の〝情動（喜怒哀楽、恐れなど、一時的かつ急激に湧き起こる感情）〟をよく理解している。

●感情に引きずられて不機嫌になることがない。

●簡単に「ブチギレる」ことがない。

●オープンでおおらかな見方で人と接することができる。

●自分のモチベーションが低いことを、他人のせいにしない。

●自己と他者の間に心理的な境界線『バウンダリー（Boundary）』を引くことができている。

もしこれらが苦手だな、うまくできていないなと感じられたら、この本を通じて、私と一緒にEQを知り、育ててみませんか？

近藤　弥生子

※本文中に出てくる人物の肩書きは取材当時のものです。

index

第1章

今、EQが必要とされる理由

今、EQが必要とされる理由

なぜ日本人は「高IQ」「天才」といった言葉に弱いのか？

「ＥＱは日本にも必要な概念だ」と思い直すきっかけになった出来事がありました。

私は、新型コロナウイルス禍で大活躍した台湾のデジタル大臣・オードリー・タン（唐鳳）氏についての本をこれまでに4冊出版し、雑誌、テレビ、ラジオなどでオードリー氏について紹介してきました。そこでとても不思議だったのが、日本のメディアたちがそろって「ＩＱ１８０の天才大臣」という枕詞を付けて報じていたことです。

もともと台湾ではオードリー氏に対してそうした枕詞が付くことはほとんどなく、

ほかならぬオードリー氏本人も「成人した後のIQには意味がないと思っている」という理由で、「IQ180」という表現を「身長180センチメートル」に変更するよう修正を入れたりしていました（ユーモアたっぷりに「四捨五入しなくてもぴったり180センチなのです」とコメントを添えてくれるのですが、こうした振る舞いにも、彼女のEQの高さを感じさせられます）。

取材のコーディネーターとして、あるいは書籍や雑誌で同氏について執筆する取材者として、私がオードリー氏と共に過ごした時間は、数十時間に上ります。

そんな私が初めて出版したオードリー氏の評伝のタイトルは『オードリー・タンの思考　IQよりも大切なこと』（ブックマン社）。彼女の魅力は高IQではないと思ってこのタイトルを付けました。けれど、日本のメディアはいつも「IQ180の天才大臣」という表現を使います。せめて、自分が書いた寄稿中の表現は変更してもらうようメディア側に交渉しましたが、なかなか聞き入れてもらえませんでした。

交渉が成功しないのはひとえに私自身の力不足だと思いながらも、当時の一連の経験で「日本人にとっては、IQの高さや『天才』というパワーワードが圧倒的な吸引力を持つのかもしれない」という仮説が私の中に生まれました。

そして、「もしかするとそれは日本特有のものかもしれない」とも感じました。なぜなら、台湾では「高ＩＱ」や「天才」といったことが大して話題に上らないからです。皆さんは、どう思われますか？　なぜ、私たち日本人は「高ＩＱ」「天才」といった言葉に弱いのでしょう。

これは私自身の考えですが、日本はいつも常人離れした高い能力を持つヒーローやリーダーの登場を待っていて、自分自身はその優秀なフォロワーでありたいと考える人が多いような気がします。過去に東京で働いていた時の私がまさにそうでした。例えば、「政治や行政は優秀な人にお任せしておいて、自分は余計な口出しはせず、粛々と働いて、納めるべき税金を納めながら暮らすのが良い市民だ」と真剣に思っていました。こうして改めて言語化すると、我ながらすっかり思考停止していたなと恥ずかしくなります。ただ、こうした価値観が主流になってしまうと**「スーパーマン、スーパーウーマンでなければリーダーにはなれない」**と自然に思ってしまっても不思議ではありませんよね。

一方の台湾人は、政治であっても、社会であっても、教育であっても「人任せにしない」人々です。政治家を選ぶのは自分たちであり、票を入れて当選させた後も目を光らせて監督し、ダメだと思ったらすぐに罷免するという、主体性の塊のような人々です。教育に関しても、行政が勝手に教育方針や教科書の内容を変えてしまうので、「自分たちの学習指導要領は自分たちで守れ」とデモを起こしたりします。過去数十年にわたって権威主義体制が続き、そこから必死の思いで民主化を勝ち取ってきたという歴史から、「人任せにしていても、ろくなことにならない」ということを、身をもって学んできたからなのでしょう。

そして、今の台湾には**「物事を成し遂げるためにはIQ以外にもさまざまな能力が必要になり、多様性のある人々が協働することでこそ成功できる」**という共通認識があります。いくら高IQであっても、一人の天才や、同質性の高い人々の考えだけでは世の中や組織を動かすことができないと分かっているから、高IQや天才ばかりを崇拝することがないのかもしれません。

先ほどの後日談ですが、日本であまりにもオードリー氏が「天才大臣」として報道されるため、ついにはその言葉が逆輸入され、台湾で「日本で大人気の天才大臣」と呼ばれるようになりました。私は今でも「もちろんオードリー・タンはすごいけど、台湾には他にもすごい人がたくさんいるのに、なぜ日本人は彼女のことだけが好きなの？」と聞かれます。

「なぜ台湾ではIQよりもEQが重視されるのか」と、オードリー氏に質問したことがあります。彼女は「台湾は人口密度が高いので、人と人の距離が近く、自分の心を守るためにEQは必須スキルなのです」と答えてくれました。それまでの私はEQをコミュニケーションスキルの一種のようなものだと思っていたのですが、オードリー氏のこの視点は、「EQは自分の心を守るための、素養のようなものである」という、新たな視座をもたらしてくれました。「他人からどう思われるか」ではなく、自分軸で物事を考える、台湾人らしい価値観にフィットしたのかもしれません。

そんな体験を経て、私にはどうしてもこのEQが、**日本人が自分軸で主体的に暮らしていくために必要なマインドセットである**ように思えてきました。

私自身、台湾に来てEQという処方箋を得て以来、人に対する見方、自分に対する評価が刷新されました。EQの高い人は、自分と他人を比べたり、他人同士を比べて物事を考えたりもしませんから、彼らと一緒にいても「私はなぜこんなこともできないんだろう」などと、彼らと自分を比べて落ち込むような思考に陥らなくて済みます。高EQな人物に出会うたび、心の底から「こんな人間になりたい！」と胸が高鳴ります。

「自分を曲げず、それでいてみんなとより良くやっていける方法」

私がこれまでの人生で出会った人々の中で、最もEQの高さを感じさせる人物が、オードリー・タン氏でした。教養や品格のある方ですが、それとはまた違った感覚です。彼女はぐいぐいと皆を引っ張ってリーダーシップを発揮するタイプではなく、さまざまな人々と協業しながら物事を進めることを得意としています。それもまた、一つのリーダーのあり方だと感じさせられます。

今は輝かしい活躍を見せるオードリー氏ですが、類まれな才能に恵まれた「ギフテッド」であることから、主流の教育になじめず、小学2年生で登校拒否になったという過去があります。今では信じられないことですが、当時の台湾では義務教育中の子どもの不登校は行政罰に相当し、保護者は一日当たりの罰金を支払わなければならない状況でした。

「子どもが学校に通わない」ということは、到底社会から受け入れられるものではなかったため、家族からも学校からも激しく反対され、オードリー氏は自殺願望を持つほど追い詰められてしまいます。「自分や世界と絶交」状態にあったオードリー氏でしたが、家族や教育者たちの支えで自分や世界と和解することができ、中学2年生の頃にはついに、学校に通わずに自分で自主学習を進めるプランを考え、教師たちに相談しに行けるようになりました。

こうした生い立ちの詳細は拙著『オードリー・タン 母の手記「成長戦争」』(KADOKAWA)に記載していますが、そんなオードリー氏が中学2年生の頃、当時42歳の母親に向かって発した言葉があります。

「自分を曲げず、それでいて人のことを困らせない方法をきっと見つけ出せる。みんなで一緒により良くやっていける方法をね」

学校の授業を必要としないオードリー氏が、生徒が学校に来ないと困る教師や校長たちのことを考えて発案した〝自主学習を進めるプラン〟こそが、「自分を曲げず、それでいてみんなとより良くやっていける方法（不委屈自己，也不為難別人的方法）」です。

私はこの「自分を曲げず、それでいてみんなとより良くやっていける方法を見つけ出せる力」こそが、今のリーダーに必要なEQだと思っています。

私たち日本人は「空気を読む」ことが得意です。生まれてから今までずっと、「空気を読む力」を鍛え、磨き上げてきたような感さえあります。ただ、その場の空気に合わせて自分の言動を変え続けると、自分の本当の気持ちが失われていってしまうか、手の施しようのないほど膨らみ、後から爆発してしまうのではないでしょうか。

私の友人に、日本への留学経験があり、ノンバイナリー（自分の性自認に男性か女性かという枠組みを採用しない考え方）であることを公表している台湾人の林冠妤（リングアンユ）さんという方がいます。台湾最大のシビックハッカー（社会課題の解決に取り組む民間のエンジニア）コミュニティ「g0v（ガヴ・ゼロ）」の参加者で、オードリー氏の長年

シリコンバレーの中心・サンノゼに移住した林冠妤さん。

の友人でもある林さんは今、シリコンバレーの中心、米国・サンノゼに移住し、ベンチャー企業の海外進出や政府系法人のコンサルティングに従事されています。

日本好きが高じて日本語を独学でマスターし、日本の大学に留学していた林さんは、そのまま日本での就職を考えたものの、日本特有の環境を理由に諦めたことがあったそうです。当時を振り返ったインタビューで、その理由について語ってくれた部分を引用します。

「私は本当に日本が大好きで、日本語も独学で習得したし、日本の大学に交換留学したこともあるので、日本での就職を考えたこともありました。

ただ、当時の日本では〝女性は女性らしく振る舞う〟ことが期待されいました。私もそのように振る舞っていましたが、次第に自分が失われていくような気がして、怖くなって諦めました。」（コスモポリタン『市民の行動が社会を変える！ 進化し続ける「台湾のジェンダー観」』2022/06/18）

林さんのように日本を好きでいてくれる優秀な若者がいるのに、多様な価値観が存在しづらい環境という理由で日本への就職離れが起きているのなら、私たちは今すぐにでも「空気を読んで適応することが求められる」から、「自分を曲げず、それでいてみんなとより良くやっていける」環境へと、社会をアップデートすべきなのではないでしょうか。

多様性の時代に必須なマインドセット

思い返してみると、これまでの日本は、人と同じことが良しとされる社会だったように思います。

日本の幼稚園や小学校では寸法や色柄を統一した持ち物をそろえ、それぞれに細かく名前付けをしますが、台湾では基本的に持ち物は自由です。学校での水着一つとっても「スクール水着」という概念はなく、各人好きなものを持参します。公立の小学校でも、給食にするかお弁当にするか、遠足に行くか行かないか、プールの授業を受けるかどうか、多言語の授業ではどの言語を選択するか……常に個々人が選択する機会を与えられています。

日本では大学卒業のタイミングに合わせて一斉に就職活動をしますが、台湾に「新卒採用」という概念はありません。大学を卒業したら、ワーキングホリデーで海外に出て行く人も多いですし、アルバイトをしながらボランティアに励んだり、知り合いや親戚の会社でインターンをしながら自分の適性を模索したりと、おのおののキャリアを自分のペースで歩みます。

民族という観点でも、日本を「単一民族である」と思っている人もいるようですが、そうではありませんよね？　古くからアイヌ民族や琉球王国の流れをくむ人々もいますし、在日コリアン、在日台湾人、在日華僑に加え、ブラジル、ネパール、インドなどと移民も多様化しており、皆が日本という島国の上で一緒に暮らしています。

言語に関しても、2020年に当時の副総理の「一つの言葉で、一つの民族」という発言に抗議が寄せられたことは記憶に新しいですが、実際にはそれぞれの言語に魅力があるという価値観のほうが主流になっているのではないでしょうか。

これからの日本は過去の「皆が同じであることが良いことである」という価値観をアップデートさせ、ますます多様な価値観を受け入れる道を歩んでいくことになります。

少子化で働き手が減っていくのですから、インターネットでもリアルでも、海外の人々と一緒に仕事をする機会は今後ますます増えていくでしょうし、２００８年に観光庁を設立し、国策として観光立国を目指していますので、日本を訪れる外国人と交流する機会も増えるはずです。

そんな時に「自分を曲げず、それでいてみんなとより良くやっていける方法を見つけ出せる」能力を高めておくことは、きっとあなた自身、そして周囲の人々を幸せにしてくれるはずです。

台湾式EQが、東アジアのお手本になる?!

「EQという能力を高めることが、これからの時代きっと役に立つ」という私の提案において、一つ強調したいことがあります。

今日本で知られているEQは、1995年に米国の心理学者ダニエル・ゴールマン氏によって提唱されたものがベースになっています。ただ、その米国発のEQ理論と、台湾で今定着しているEQとは、また別の概念であるように感じるのです。

さらに言うと、私が考える台湾版のEQとは、台湾の多様性社会においてローカライズされた独自の概念であり、私自身はこの台湾版が、同じ東アジアに位置する日本にもしっくりくるのではないかと考えています。

台湾はもともと多民族社会です。公認されているだけで16の「台湾原住民族」が存在しますし、それ以外にも、戦前から台湾に住む漢民族系の移民「閩南人（びんなん）」と「客家（はっか）人」といった本省人がいます。それに対し、第2次世界大戦で敗戦した日本が台湾統治を終了（1945年）した後、1911年の「辛亥革命」により、翌年中国・南京で

「中華民国」を設立した「中国国民党（通称：国民党）」政府が中国大陸から台湾に国体を遷移させたことで、台湾に渡ってきた外省人もいます。

さらに近年では、台湾人との結婚でベトナム、インドネシア、タイ、ミャンマー、カンボジア、フィリピンなどから移住してきた外国籍の人々や、その子どもたちを指す「新住民」もいます。

台湾の地下鉄や新幹線など、公共の交通機関などでは、台湾華語（台湾で使われている中国語）、台湾語、客家語で地名が放送されることがよくあります。台湾へ旅行すると、こうした放送からも多民族社会が感じられるかもしれません。

多民族・多様性社会として発展してきた台湾では、自分と他人が違うのが当たり前。私自身も、肩を並べて働いた同僚たちの家庭的な背景は実にさまざまでしたから、「自分と彼ら一人ひとりの価値観や意見が同じはずがない」という感覚で仕事をしていました。こんな環境で、台湾人たちは「自分を曲げず、それでいてみんなとより良くやっていける方法」を磨いてきたのでしょう。

人や世代にもよるので多様性社会を一くくりにすることはできませんが、台湾には「お金や名声」よりも、「心」などの実質的なものを大切にする人が多いような気がします。そしてそれは私の目に、すぐそばにある大国・中国が、圧倒的な人口や経済規模で迫ってくることへの抗いであり、台湾としての一つのアイデンティティーであるようにも見えるのです。

今から30年近く前、まだインターネットが普及していない時代に、米国の心理学者が提唱したＥＱは、台湾でどのように広まり、ローカライズされていったのでしょうか。そんな背景を一緒にひもといていきましょう。

台湾で高EQのリーダーが評価されるワケ

「あの芸能人はEQが高くて尊敬してる」
「あの政治家はEQが低くて見ていられない」
「上司のEQが低くて困ってる」

台湾で暮らし、台湾人と話していると、職場でもプライベートでもEQというキーワードが頻出するので、暮らし始めたばかりの頃はちょっと驚いたものです。どうやら相手のEQを即座にチェックする能力が、台湾人にはあるようなのです。

EQに関して私が最もインパクトを受けたのが、以前働いていた職場での出来事でした。

ミスをした同僚が皆の前で上司に叱られているのを見た台湾人の同僚が、こっそり教えてくれました。

「台湾人はメンツを大事にするから、**人前で誰かを罵るのは『自分の怒りの感情をコントロールできない人』『相手のメンツを考慮することができない人』として、尊敬されることはありません。**どんなにあのスタッフが落ち度のあるミスをしたのだとしても、皆は人前で怒る上司のほうを『悪い』と感じるでしょうね」

私などはミスをして会社に迷惑をかけたほうが悪いのだから、皆の前でもどこであっても、叱責されるのは致し方ないと思ってしまっていたのですが、「そんな見方があるんだ！」と、とても印象深かったのでした。

お互いの関係を損なわないように努める台湾人たち

オードリー・タン氏についての著書を書いているという共通点で知り合った台湾人作家のアイリス・チュウ（丘美珍）氏に「今度、台湾式ＥＱについての本を書くことになった」と話すと、彼女も台湾式のEQは海外のものと違い、ローカライズされていると思うと共感を示すと同時に、大きなヒントを与えてくれました。

「台湾人はEQという言葉を借りて、私たちの文化における『人和（じんわ）（人々が和やかな関係にあること）』の観念を説明しています。台湾人は人に何かを説明する際、『人和為貴（和をもって尊しとなすといった意味）』という概念を強調することで、できるだけお互いの関係を損なわないように努めます。また、役人を賞賛する時によく『政通人和』という言葉を使いますが、これは仕事ができる上に人間関係も築くことができているという表現です。『人和』とは、私たち台湾の文化において基礎となっている価値観なのです」

そしてアイリス氏は、台湾には以前からEQの概念があったわけではなく、世界的なベストセラーとなったダニエル・ゴールマン氏の著書『Emotional Intelligence：Why It Can Matter More Than IQ』（Bantam）の台湾翻訳版の出版をきっかけにこの概念が広まったと教えてくれ、「出版社に連絡してみてもいいと思うよ」と、背中を押してくれました。

1995年に出版されたゴールマン氏の著書は、翌年の96年4月に台湾で翻訳出版されました。版元は、台湾で村上春樹氏や吉本ばなな氏の著作翻訳を出版し続けている時報文化出版。75年創業、台湾の出版社では初の上場企業として、常に業界をリードしてきた存在です。

アイリス氏のアドバイスに感謝しながら、私は早速同社に取材を申し込みました。すると、返事をくださったのは董事長兼社長の趙政岷（チャオゼンミン）氏。同社のトップです。

「当時の担当編集者はすでに不在だが、自分が知っていることは話せると思う」と、自ら取材に応じてくれることになりました。

EQ本が世界でも突出して売れた台湾

趙氏によれば、1996年に翻訳出版された『EQ：決定一生幸福與成就的永恆力量』は、これまでに累計55万部の販売実績があるベストセラーで、台湾は同書が発売された世界各地域と比較しても突出した大ヒットを記録しているのだそうです。

さらに趙氏は興味深い話をしてくださいました。

時報文化出版　董事長兼社長の趙政岷氏

台湾版の書名を考える際、本来なら原書通り「Emotional Intelligence」や「EI」としてもよいはずのところ、同社の編集者らが台湾人にとってなじみのある「IQ（知能指数、Intelligence Quotient）」に対比させるような概念として「EQ」と名付けたのだそうです。

これが功を奏して大ヒット。その後の台湾ではしばらく「AQ」「MQ」など、さまざまな「Q」の付いた出版物が書店に並んだのだそうです。「全盛期の書店には『Q』の付いた出版物が30種類以上平積みされていたよ」と趙氏は当時を回想しながら教えてくださいました。

同書が出版された当時の台湾で、まず「ＥＱ」の概念に飛び付いたのは教育業界だったそうです。戒厳令（１９４９～87年。45年に日本統治時代が終了した後の台湾で発せられ、最高司令官にさまざまな権限が与えられ、国民たちの人権は大いに制限された。戒厳令としては世界で最も長い38年間続いた）が解かれても、依然として旧態の詰め込み教育が続けられていた台湾で、教育の専門家や教師、保護者たちはそろって「教育にはＥＱが必要だ」と呼びかけ合ったのでした。

「この本は心理学者が脳の動きなどについて書いた本で、決して簡単に読める本ではないはずですが、**『ＥＱは人と人のコミュニケーションだけでなく、自分自身と向き合う時にも有用な考えだ』**と、著名人などが次々に賛同しました。子どもに対する教育の場だけでなく、夫婦関係や職場、ビジネスにも使える、テクニック論ではなく、人間的な素養として大切なものだということで、すさまじいスピードで他の業界にも広がっていったんですよ」と趙氏は言います。

これだけＥＱが大切にされる背景を、趙氏は「台湾にはもともと儒教の考え方が根付いているからだ」と解説してくれたのですが、私もこれはかなり重要なファクターであると考えています。紀元前５００年頃の中国の思想家、孔子によって説かれた儒教の考えは、古くから台湾や日本に伝わり、私たちの価値観に大きな影響を与えています。儒教の男尊女卑や行き過ぎた親孝行といった価値観から脱却すべきであると議論されることが多い昨今ですが、「五常（仁・義・禮・智・信）」といった礼儀を備え、「五倫（君子、父子、夫婦、兄弟、友人）」という基本的な人間関係をしっかり構築することによって衝突を避け、結果的に国家や組織が安定するという儒教の道徳観そのものは、EQの概念と見事にマッチします。

今回、日本に向けてEQをアップデートしながら改めて紹介したいと思ったのは、この点に関しては日本人にも受け入れやすいと思ったからです。

「近代日本経済の父」と称され、日本の大企業の創立に多大な実績を残した渋沢栄一氏も、儒教の経典であり、〝東アジアで最も読まれた古典〟とされる『論語』を指針としていたことで知られています。そのためでしょうか、「和をもって尊しとなす（人和為貴）」「人間本位（以人為本）」といった儒教的な考え方は、日本のレガシー企業でもよく社訓やスローガンとして使われています。そうした意味で、台湾人の考え方は、私たち日本人にとって、比較的共有しやすいのではないでしょうか。

今、「EQ」の概念が再びアップデートされる

取材が始まって開口一番、趙氏は「君はすごいタイミングで取材に来たね。どうして今、EQの本を書こうと思ったの？」と私に尋ねました。

「日本はこれまでにない少子化に突入し、多様性社会へと変化せざるを得ない状況です。多様性社会において、自分を守り、成果を上げるためにはEQが必須になると思いました」といった内容を手短に答えると、彼は「30年前にゴールマン氏がEQの本を出してから、インターネットが普及したり、AIが出てきて、世界は大きく変わったからね。私たちも新世代のEQにアップデートしなければならないと思っている」と微笑みながら、ゴールマン氏が新刊『Optimal: How to Sustain Personal and Organizational Excellence Every Day』を2024年1月に出版すること、その台湾翻訳版を趙氏ら時報文化出版が原書と同時に出版することを教えてくれました。

台湾翻訳版のタイトルは『最佳狀態』。常に自分にとって最良の「フロー状態（非常に良い状態で集中して何かに没頭できている状態のこと）」を自然に維持するために、

ＥＱの他に明晰(めいせき)な思考、エンパシー、レジリエンスといった力を活用するという教えが書かれた本なのだそうです。

「私たちは他人を変えることなど決してできない。自分の受け止め方を変えるしかないんだ」

突然の取材に快く応えてくれ、本来なら機密事項であるはずの今後の出版物について多くのヒントをくれた趙氏もまた、ＥＱの高い人物であると感じたのでした。

9割以上の台湾人が「EQは重要である」と回答

私は本書の執筆に当たり、台湾人を対象にオンラインアンケートを実施しました。

個人的に実施したので母数が１４５人とエビデンス性には欠けるものの、回答者の実に95・8％が「EQは重要である」と回答しました。うち半数近い45・5％が「非常に重要である」を選択しています。

その理由を募ったところ、さまざまな回答が寄せられましたので、いくつかピックアップしてみます。

「EQは大事だと思いますか？」

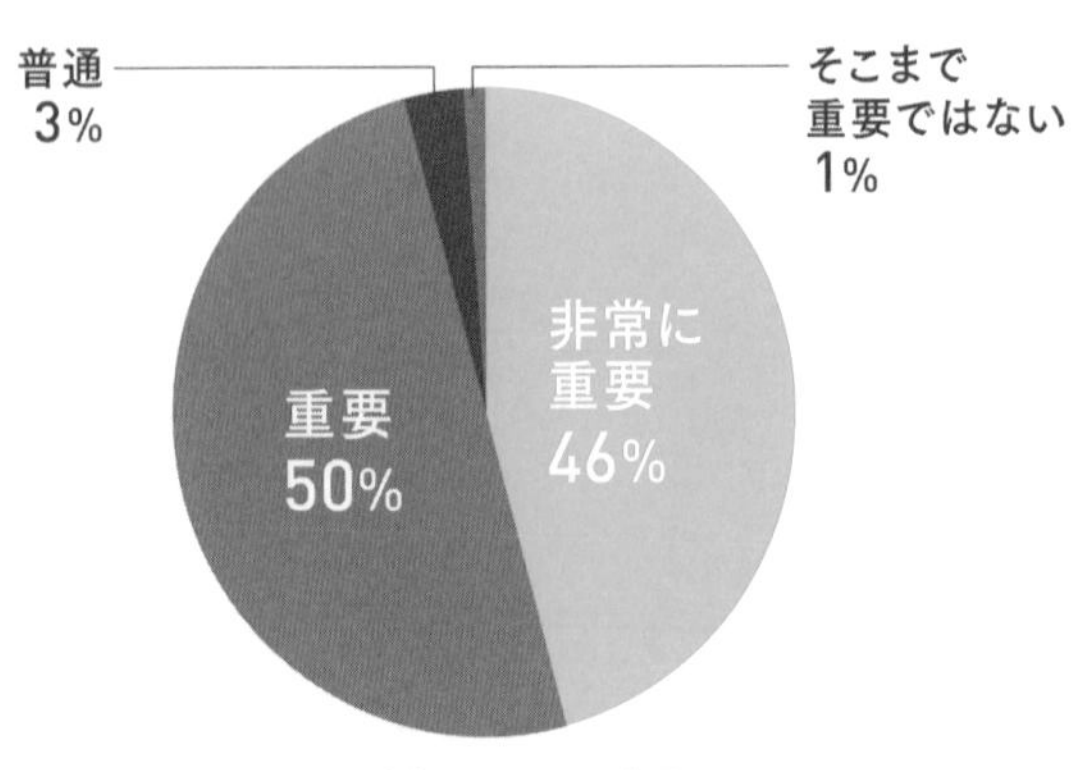

2024年3月4日時点のアンケート結果　n= 145

感情は周囲の人々に影響を与えます。

そして、地位が高い人ほど与える影響が大きくなります。

家庭や仕事においては親や上司が感情を適切に管理できることで、その場に良いコミュニケーションが生まれます。


EQは、社会で生きていくための基本的な原則の一つです。


高いEQを持つことは、他人にとっても自分にとっても有益です。

何か問題に直面した時、賢明に対処し、適切に対処できる余裕があることで、Win-Winが実現できます。

ＥＱが高い人は、単に空気を読むだけではありません。
一緒にいてとても心地よいです。
逆にＥＱが低い人と一緒にいると、とても疲れます。

ＥＱが低い場合、人との衝突を解決するためには
より多くの時間とエネルギーを消耗することになってしまいます。

台湾人は「人間力を発揮する」ことが「仕事で成果を上げる」ことよりも
大切だと考えているため、ＥＱは非常に重要視されています。
ただし、業績だけを重視するような企業では、チームの業績さえ良ければ、
管理職はＥＱが低くても許容されるのかもしれませんね。

EQが低い人は、議論の場で自分の意見が通らないとまともに議論できなくなり、他人を困らせます。
高いEQを持つ人は、自分と違う意見を持つ人とも冷静に議論し、怒ることなくコミュニケーションを円滑に進めることができます。

仕事をする上で、高いEQを持つ人は相手から信頼されやすく、IQだけが高い人よりもより目的を達成しやすくなります。

台湾でEQが高い人は、空気を読む能力だけでなく、対応力も高いとされています。

価値観は当然一人ひとり違いますから、社会には多様性が必要です。
価値観が違うことで衝突が起きた場合のコミュニケーションにおいて、
EQは最も重要となります。
相手に反論したり、説き伏せるだけのコミュニケーションは非効率です。

長い人生、ずっと順調にいくはずがありません。起きてしまった問題がそこまで深刻でない場合、自分自身を不幸せにする必要はありません。
EQを発揮して、それを受け入れてみるのもよいのではないでしょうか。

台湾人が考えるEQを見ていると、EQと「空気を読むこと」とは、また別の能力であることがはっきりと感じられます。台湾式のEQとは、「双方良し」を実現しながら、物事により良く対処するために自分の感情をコントロールできる能力であるということなのでしょう。私は自分自身の中に、そもそもそうした物事の見方がなかったことに気付かされ、やはりますます自分に足りない能力であると思えてくるのでした。

第2章

台湾式EQをひもといてみよう

台湾式EQをひもといてみよう

「ただの良い人」とはこう違う

「自分が抱えるさまざまな人間関係の悩みの多くが、台湾式EQによって解決されそうだ」という考えが、私の中でどんどん確信に変わっているものの、当の台湾人たちは口々に「自分たちがどのようにしてEQを高めているかを意識したことがない」と言います。

個人的にオンラインアンケートを実施したり、YouTubeで「台湾式EQについて教えてください」と呼びかけてみたところ、良い反響を得られる一方で、「あなたに言われるまで、台湾ではEQが重視されていることに気付いていなかった」という声もあり、私は戸惑っていました。

そこでこの章では、「台湾式EQ」とはいったいどんなものなのか、友人で高EQな台湾人作家のジル・チャン（張瀞仁）さんにヒントを得ながら、ひもといてみようと思います。

ところで、日本で「みんなとうまくやっていく」というと、「空気を読みつつ、みんなにいい顔をする人」といったイメージがあるような気がするのですが、そうしたいわゆる「ただの良い人」と「高EQの人」とは、どのように違うのでしょうか。

まず、日本語の「ただの良い人」は、「just a good person（ただの良い人に過ぎない）」といった、良いとも悪いともはっきりしない表現ですよね。海外の方からすると、このニュアンスはなかなかつかみづらいことでしょう。それに対して台湾華語では「ただの良い人」を「爛好人（ランハオレン）」と呼びます。「爛（ラン）（rotten／suck／poor）」とは、「ダメな、腐った」などというネガティブな意味の形容詞ですので、「好人（ハオレン）（良い人）」と合わせると「〝ダメな〟良い人」という意味になります。普段何気なく日本で使われている言葉を台湾の漢字表現にすると往々にして解像度が上がるのですが、これはまさに好例の一つでしょう。台湾で「ただの良い人」は、はっきりとネガティブに表現されているのです。

確かに、職場でも家庭でも、「ただの良い人」は八方美人のようにどちらにも良い顔をし続けることで、結果的には良くない状態を引き起こしてしまいがちです。

アンケート結果を見ていると、台湾人が考える高ＥＱな人は、台湾華語で「換位思考（ファンウェイスーカオ）」ができる人だという意見が目立ちました。「換位思考」は英語の「Ｅｍｐａｔｈｙ（エンパシー）」という意味で、意見の異なる相手を理解する知的能力のこと。

近年では、英国・ブライトン在住の作家、ブレイディみかこさんが著書『ぼくはイエローでホワイトで、ちょっとブルー』（新潮社）で「他者の靴を履く」という英国のことわざを引用した素晴らしい表現をされたことが話題になり、その後、エンパシーをテーマにした本『他者の靴を履く　アナーキック・エンパシーのすすめ』（文藝春秋）を書かれたことが記憶に新しいのではないでしょうか。

『他者の靴を履く　アナーキック・エンパシーのすすめ』の帯には「〈多様性の時代〉のカオスを生き抜くための本」という文字が躍るように大きく書かれていますが、多様性社会の台湾でもやはり、この「他者の靴を履く」能力が非常に評価されています。

それにしてもエンパシーを台湾華語で「換位（＝立場を交換するといった意味）思考」と表現するとは、非常にうまいですよね。

私自身の低いEQについて

ちょっとビジネスの場から離れますが、台湾で暮らしていて、実際に私がEQを猛烈に意識した出来事について書いてみます。

2022年の4月、清明節・児童節の連休を利用して、ずっと行ってみたかった台湾の離島・澎湖(ポンフー)へ家族旅行に行った時のこと。

美しい海と新鮮な海鮮が魅力の澎湖は、台北から飛行機で片道およそ50分と気軽にアクセスできるため、海外からの旅行客だけでなく、台湾人にも人気の旅行スポット。トップシーズンには飛行機や民宿の予約が取れなくなるほどです。

待ちに待った澎湖旅行では、離島を巡る海遊びツアーに参加したり、民宿のオーナーのガイドで島を巡るなどして過ごしました。

どれもとても楽しかったのですが、〝離島あるある〟とはいえ、道中のスケジュールや物事を進める感覚が全く違うので、お恥ずかしい話、私はとてもイライラしていました。

早朝から無人島での海遊びでおなかがペコペコになった後、昼食を取るため別の島に移動するための迎えの船は、予定より1時間近く遅れて到着。13時くらいにやっと昼食のレストランに着いたと思ったら、レストランも準備ができていなくて外で30分近く待たされたり……。シュノーケリングではツアースタッフが装備の置き場所や使い方を知らず、レンタルの流れがめちゃくちゃだったり……。

例を挙げたらきりがないのですが、その場の担当スタッフさんは「あー、どうしましょうかねー」「困りましたねー」みたいな感じになっている。

子連れでなければ「まぁ、そんなもんだよね」と流せるようなことも、小さい子を連れている身としては、炎天下を歩き回らされたり、おなかをすかせた状態が続くのはなかなか堪（こた）えるものがあります。

ぐずる子どもたちを抱え、たまりかねた私のイライラは爆発してしまったのですが、驚くことに、他の台湾人たちは誰一人としてイライラしている様子はありません。おばちゃんもスタッフに向けて「おなかすいちゃったよー」とケラケラ笑っているし、子どもがぐずっても、親たちは「はいはい、おなかすいたねー」みたいな感じで、うまくかわしています。シュノーケリングの装備も、皆スタッフに頼ることなく、自分自身でどこからかスーツや道具類を見つけてきては見よう見まねで装着し、誰に案内されなくても、自分たちでGoogleマップを見ながら海辺まで歩いて行くのです。

台湾人の夫も「シーズンインしたばかりだから、スタッフの人たちもまだ慣れてないだろうし、コロナが明けて、新しくこの仕事に就いた人が多いんじゃないかな。まぁ、なるようにしかならないね〜」と、平常運転の様子。

「つ、強い……この人たち、強い!」と、私は自分の寛容度の低さ、EQの低さに落ち込んだのでした。普段から台湾の多様性やEQについて発信しているのに、自分自身はこの有り様です。子どもの前でも良くない態度を見せてしまったし、顔から火が出るほど恥ずかしくなりました。

後日、夫にその反省を話していたところ、夫がある成語(台湾のことわざ)を教えてくれました。

それは「鑽牛角尖(ジュアンニィウジィアオジィエン)」という成語。「牛の角の奥へと突き進む」といった表現で、日本語にすると「思い詰める」といった意味です。

牛の角の根元は広いのに、あえて自分から尖って狭い先端部分へと突き進んで行く

イラスト／大塚砂織

ようなイメージです。

　夫が私にかけてくれた言葉は、

「台湾の成語には『鑽牛角尖』っていう言葉がある。他にもたくさん方法はあるのに、『こうしなければならない』っていう思いが強くて、そちらにばかり向かってしまうと、結局どんどん苦しくなってしまうかもしれないね」というものでした。

　台湾人は物事を話す時によく成語を引用するのですが、今回の夫の成語使いは見事なものだったと思います。少なくとも、「こんなダメな自分は消えてしまいたい」と自分で自分を追い詰めていた私にとって、「本当にその通りだな」と気付かせてくれる表現でした。

さらに夫は「でもこの『鑽牛角尖』って、悪いことばかりじゃないと思うんだ。物事を突き詰めて追求できるっていうのは、一つの長所でもあるんだから」と言ってくれました。

確かに、主流（ここでいうところの台湾人たち）と自分の受け止め方が違ったとしても、自分で「これは譲れない（例：ツアー催行会社は、スケジュール管理やスタッフ教育をもっとうまくやれるはずと感じた）」という部分は、大切にしていいと思うんですね。ただ、今回の私は、振る舞いも含めた表現や、相手への伝え方が未熟だったなと思います。

あくまで私の場合ですが、自分の感じ方や考え方自体が悪いのではなく、それを「振る舞いも含めて、どう表現するか」「相手や周囲に伝えるか」という部分がまだまだ下手なので、その方面のEQを修行すればいいのだなと実感しました。

華麗なるスルー能力

では、そんな台湾人たちがＥＱの低い上司に当たった場合、どのように対処するのでしょうか。私の見立てでは、その答えは「華麗にスルーする」というものです。台湾人は本当に「実を取る」人たちで、〝その人がやるべきことをやってさえいれば、他はあまり気にせずスルーする〟という得意技を持っています。

友人と、彼女の職場の低ＥＱな上司について話していたら、彼女がこっそり録音したという上司の怒鳴り声を聞かせてくれたことがありました。実際あまりにもひどい罵りように驚きましたが、友人は、「もう慣れたよ。『對事不對人（ドゥイシーブドゥイレン）（台湾のことわざ。その人ではなく、物事を見るといった意味）』の精神で、気にしない」と、淡々としています。

もちろん、あまりにもひどい場合はそのまた上の上司に意見を上げたり転職すると思いますが、そうでない場合はスルーします。

私自身も、過去にそこそこ高級なレストランを取材していた時、ホールの責任者がシェフを怒鳴り始め、さらにエスカレートして「メディアが見てるからって俺は気にしない！　お前のやり方は間違ってる！」と豪快にお皿を割っていたのを、その場にいたスタッフ全員が何も見ていないかのようにスルーしながら取材に応じてくれたという経験があります。

日本人の「空気を読む」能力と何が違うのか

オンラインアンケートで、こんな回答をしてくれた台湾人がいました。

「台湾で『EQが高い人』と言うと、空気を読めるだけでなく、〝どう反応すれば良いのかも理解している〟といったニュアンスがあります」

日本の文化がほぼリアルタイムで入ってくる台湾では、特に若者たちは「日本人は空気を読む能力にたけている」ということをよく知っています。どうやら、テレビドラマなどの他に、留学やワーキングホリデーでその日本独特の習慣を知るらしく、よく台湾人の若者から「日本の空気を読むのは難しすぎます」と涙目で訴えられることがあります。私はそのたびに、「あなただけじゃないよ。私は日本人だけど、空気が読めないから、ここ（台湾）で暮らしているんだよ」と、ユーモアを織り交ぜながら返すようにしています。

「空気を読む」というのは、相手が今どんな気持ちでいるのかを察する行動であると同時に、暗黙のうちにその場で要求されていることを察知してそれに従うことなので、どちらかというと「換位思考（エンパシー）」に近く、EQとは異なります。

それに対して「EQを発揮する」というのは、空気を読んだ後でただそのまま相手に合わせるのではなく、「相手を否定せず、アサーティブ（相手を尊重しながら自分の考えを率直に表現すること）に自分の意見を伝えることができる」といった違いがあるのかなと思います。

オンラインアンケートに寄せられた回答をもっとご紹介しましょう。

「EQが低い人は、いつも突然導火線が着火したように怒り出すので、話が続けられなくなります」

つまりは相手の立場や考えを考慮しないまま話を進めると、相手にとっての地雷を踏んでしまいやすいということですよね。ですから、空気を読む能力も大事ではあるのです。

「台湾人はさまざまな人を受け入れることができます。皆それぞれ感情を抑え込む必要はありません」

そう、ここがポイントで、空気を読んで相手の気持ちを察したり、意見の異なる相手を否定しないけれど、自分の気持ちも押し込めずにいられることが、とても大事になるのです。

「あなたはそのように考えるんですね。それは尊重します。そして、同じように私には私の考えがあります。お互いに尊重し合いましょう」というのが、台湾が実現している多様性社会だと、私は理解しています。

台湾人作家、ジル・チャンさんとEQ談議

高EQなジル・チャンさん

「台湾式EQ」について書きたいという決意を固めた私に、とても心強い味方ができました。初めてお会いした時からチャットなどで連絡するたび、そのEQの高さに驚かされる台湾人作家のジル・チャンさんです。

世界的なベストセラーになった『「静かな人」の戦略書――騒がしすぎるこの世界で内向型が静かな力を発揮する法』(ダイヤモンド社)の著者であり、小学3年生の娘の母でもあるジル・チャンさんは、超外交型社会の米国、しかもスポーツ界というソーシャル性の高い業界で、自身の超内向的な性格をうまく生かしながら活躍し続けてきた人物です。

現在は台北に活動の拠点を置き、国際慈善活動に従事しながら、国内外で内向型の

キャリア支援やリーダーシップ開発を行うジルさん。台北市内のカフェで初めてお会いした時には、何時間もおしゃべりに夢中になりました。以来、私の本が台湾で翻訳出版される際には推薦文を寄せてくれたりと、公私にわたって何でも相談できる貴重な存在です。

ジルさんのEQの高さを感じたことはこれまでに何度もありますが、一つ例を挙げましょう。

ジル・チャンさんと初めてお会いしたとき

私が書いた本が台湾で翻訳出版される際、版元の編集者から誰に推薦文を書いてほしいかと聞かれたので、私はジルさんの名前を挙げました。ですが、ジルさんへ正式に原稿依頼をすることになって初めて、出版社側が予定している締め切りが非常にタイトであると知り、私はとても心苦しい気持ちでジルさんに打診しました。なぜなら、私はその締め切りと同時期にジルさんが講演のため日本出張に行かれることを知っていたからです。ただでさえ忙しいジルさんに、出張直前に原稿の依頼をするなんて……断られても仕方がないと思っていました。

するとジルさんから届いた返信は、このようなものでした。

「弥生子さんが台湾で本を出版するのだから、絶対助けになってみせます！　ちょっと交渉してみるから、編集さんのメールアドレスを教えてくれますか？」「大丈夫、もし締め切りが厳し過ぎたら、私から直接編集さんに伝えます」

それから半日後、ジルさんから来たメッセージにはこうありました。

「弥生子さん、こんにちは。編集担当さんに連絡がつきました。弥生子さんの本の推薦文を書くことになりましたよ。うれしいです。急いで書いて、提出し終わったらまたお知らせしますね」

なんてスマートかつ高ＥＱな返事なのでしょう。

もし私だったら、「こんなタイトな締め切りで依頼してくるなんて、失礼極まりない出版社だな」「こんな依頼を受けたとなっては、他のクライアントにも申し訳ない」

などと考え、即断っていたことでしょう。でもジルさんはごく自然に「自分を曲げず、それでいてみんなとより良くやっていける方法」を選択していました。私もどうにかこのマインドセットを持てるようになりたいものです。

そこで私は、本書のために、ジルさんへのロングインタビューや、本書に収録する「台湾式EQチェックシート」の監修を申し込みました。ジルさんは、快く引き受けてくれました。

ジルさんが考える「低EQな人物像」

ロングインタビューは複数に分けて実施し、初回のインタビューはフランクに、お互いにとってのEQ観について、さまざまな話をしました。

とても印象的だったのは、私が「ジルさんが考えるEQが低い人って、どんな人ですか？」と質問したところ、彼女は「うーん、『鑽牛角尖』な人かな？　弥生子さんは

『鑽牛角尖』という言葉を知っていますか？」と答えたことです。

「『鑽牛角尖』！　それは私のことです！」

私はその場で崩れるように机に伏せました。まさか、ジルさんから真っ先にこの成語が出てくるなんて……雷に打たれたようなショックが頭の中を駆け巡りました。

「これはきっと偶然ではなく、あなたはそろそろEQを鍛えないとどうにもなりませんよ、という神様のお導きなのかもしれない……」。半ば涙目でそんなことを考えながら、前述した離島・澎湖での出来事を話し、ジルさんだったらどう考えるかを尋ねました。

「弥生子さんは、家族旅行で澎湖に行ったんですよね？　家族で楽しい時間を過ごそうと。台湾人は、〝せっかくここまで来たのだから〟と、楽しむことを最優先にしようとするかもしれません」

ジルさんの答えは、本当に的を射ていました。

1秒間の捉え方次第で、180度違う結果に

澎湖旅行で、その場にいた他の台湾人たちは皆、澎湖に滞在しているその時間をどうにかして楽しもうとしていました。私一人だけが、ツアー会社やガイドさんのサービスに対して腹を立てており、それは本来の目的である「家族と澎湖旅行を楽しむ」とは全く違う方向にばかり気が向いた、まさに「鑽牛角尖」の状態です。

顔から火が出るほどの恥ずかしさと、「なんとしても今ここでこのマインドセットを変えなければ」と心の底から湧き起こる気持ちを感じながら、私は言いました。

「ジルさん、その考え方は本当に私に必要です。私は夫からもよく『僕たちの夫婦ゲンカの原因の半分は、あなたのEQの低さが原因だよ』と指摘されるのですが、同じ物事が起こっても、EQという視点からの受け止め方一つで、大きく結果が変わりますね」

すると、ジルさんはこう励ましてくれました。

「そうですね。たった1秒程度のわずかな時間に捉え方を変えるだけのことかもし

れませんが、その結果はとても大きく異なります」

1秒間に浮かぶ考え方次第――このジルさんの言葉は、EQのハードルを下げてくれたように思います。初心者の私にとって、すべての時間のEQを高く保つのは難しいけれど、わずか1秒間なら、なんとか自分でもコントロールできるかもしれない。高EQを発揮することで、これまで引き起こしてきたさまざまな失敗を繰り返さないようにしたい。心からそう思ったのでした。

ジルさんが考える「高EQな人物像」

情動が安定している

一方、ジルさんは「高EQ」についてどう考えているのかを聞いてみました。こちらはいくつもポイントがあるようです。

「第一に、EQが高い人は〝情動（喜怒哀楽、恐れなど、一時的かつ急激に湧き起こる感情）〟が安定していると思います。

そして、自分の情動の特性についてよく理解しています。誰にでも感情の動きはありますが、EQが高い人は、自分の感情が高まっているか低くなっているか、それを常に理解して調整することができます。自分の感情で他者に影響を与えることがありません。

ネガティブな感情を抱いても、その感情に引っ張られることがないので、台湾で言うところの『理知線が切れる（日本語で〝ブチ切れる〟）』ことがありません。逆に言えば、〝ブチ切れる人はEQが足りていない〟ということになります」

お恥ずかしい話、私は過去に「自分の不機嫌をあらわにして、それによって人を動かす」ということをしていた時期があります。それは、身近なところにいる周囲の大人をまねして自然に覚えたものなのですが、これが最もまずいコミュニケーションだというのに気が付いてからも、付いてしまった癖を直すのはとても大変でした。ジルさんが話している高ＥＱの人物像はまさに、これと正反対だったのです。

オープンマインドでフラット

「それから、ＥＱが低い人というのは『この世界の悪いことはすべて他人のせいで、自分だけが正しい』『私はもっと大切にされるべきだ』といった態度で人と接しますが、ＥＱが高い人はもっとオープンでおおらかな見方で人と接することができます。

同僚が自分をさし置いて出世した時、ＥＱの低い人はもしかしたら『あの人が出世したのは、きっと上司にえこひいきされているからだ』とか『上司に取り入れられるようゴマすりしたに違いない』といった見方をするかもしれませんが、ＥＱの高い人は『その人が評価されるのには、何かそれなりの理由があったんだろう』とフラットに考えることができるでしょう」

では、EQの高いリーダーは、EQの低い同僚や部下がいた場合、どのように対処すればいいのでしょう。ジルさんは、「受け入れる方向」で接するのがおすすめだとアドバイスしてくれました。

「もし、自分と相手で意見が違い、相手がその意見にこだわりを持っている場合、私ならまず相手の意見をほめるところから始めます。そして『あなたの意見はとてもいいですね。私にも考えがあるのですが、ちょっと聞いてもらえませんか？』といった形で、自分の意見を話し始めます。『A案かB案のどちらか』を選ぶ必要はなく、『A案にB案を加える』ということもできると思うからです。

EQが低い人は感情に引きずられ、不機嫌になりやすいですよね。つまりは怒りっぽいのです。ですから、そのような人に向けて『これはダメ』『あれもダメ』と言うのはあまり良い手ではありません。

相手が不機嫌なタイミングを避け、客観的な方法で話してみるのです。例えば『あなたのやり方はとてもいいですね。一緒に考えてみたいのですが、このやり方だと、近い将来こんなリスクがあり、こんな悪い状況になることも考えられそうです。それはちょっと避けたいですよね。あなたの案件がうまくいくように、これを先にやってみると、成功率が上がるように思うのですが、どうでしょうか？』といった感じです。このやり方だと、私は相手の成功のために話しているのですから、比較的受け入れてもらいやすいのではないでしょうか」

確かにその通りだなと思いながらジルさんの話を聞いていて、思い出したことがありました。

私は以前、台湾人の部下から、「あなたの仕事の頼み方には感謝が感じられない。〝これをしてもらうのが当たり前だ〟と思われているのが伝わってきて、辛くなる」と言われて困ったことがあったのです。その部下は私に「回饋（フィードバック）が欲しいのだ」と言いました。この部下が言うフィードバックとは、金銭面なのか、感情面なのか、当時の私にはよく分かりませんでしたが、私はこうした声に、どのように対処すればよかったのでしょうか。ジルさんに相談してみると、彼女の答えはこうでした。

「もしかすると、私が米国人から学んだことが役に立つかもしれません。

米国では、半年か1年に一度、1on1（ワンオンワン）という一対一の面談が行われます。その時、上司は『この会社を辞めた後、あなたは何がしたいのか？』と聞きます。それは、この会社を辞めてほしいという意味ではありません。『あなたも一生この会社で働くわけではないでしょうから、この先どんな仕事がしたくて、そのためにどのような経歴を履歴書に書けるようになりたいのかを聞かせてほしい。そのために今の仕事や自分のチームでチャンスが与えられるのであれば、できるだけそうする』と言われます。

そうすれば、言われた方の部下は上司が自分を手伝ってくれていると感じますよね。そしてきっと、自分が挑戦してみたいことを話すことができると思います。話した内容について上司が手伝える場合、そうしたチャンスに参加させてもらえるようになるでしょうし、何か学びたいことがある場合でも、社外の授業を受ける費用を会社に一部負担してもらうといったことができるようになるかもしれません。

弥生子さんの部下のほうが、どのような回饋（フィードバック）が欲しかったのか、それを深掘りして話し合ってみるのが効果的だったかもしれませんね」

確かに、当時の私は「フィードバックなんて、困ったな。ここは職場で、みんな大人なんだから、モチベーションは自分で管理してほしい」としか思っていませんでしたが、なぜ相手がフィードバックを求めていたのか、どんなフィードバックが欲しかったのか、寄り添おうとしていませんでした。せっかく歩み寄ってきてくれたのに、そのチャンスをむげにしてしまったのです。オープンマインドでフラットな態度で接することができていたら、きっともっと良い関係が築けていたと思います。

そんな私に、ジルさんは高ＥＱな管理職の思考法をシェアしてくれました。

「上司と部下の関係は、利害が対立することもあると思いますが、私自身が好きなのは、皆が協力関係にある状態です。メンバーがチームのために何かをしてくれるように、チームもメンバーのために何かできることをするといった関係です。

台湾にはそのような状態を表す、『同じ船に乗る』という言葉があります。船が転覆したらみんなが海に投げ出されてしまいますから、船長も乗組員も同じ目標を持って前進することができるんですよね。そんな共通認識がつくれたら、居心地の良い組織になるのではないでしょうか」

モチベーションの管理ができる

モチベーションについて話が及ぶと、ジルさんはこう付け加えました。

「**自分自身でモチベーションを管理できる人は、EQが高いと言えますね。**そういう人は自分のモチベーションが低いことを、他人のせいにしたりはしません。

自分が向き合っているのは自分自身が〝やりたい〟と思って決めたことであり、他人から『こうすべき』とか『こうするのが最善だ』などと言われてやっているのではないからです。人から言われたことを参考にはするけれど、最終的には自分で決めたことだと考えます」

そう話すジルさんは最近台湾で新刊『不假裝，也能閃閃發光』（方舟文化）を出版したのですが、なんとその本の原稿およそ10万字を、わずか2週間で書き上げたと言います。娘さんの小学校の夏休み期間中、夫に娘を連れて自分より2週間早く海外旅行に出発してくれるよう頼み、2週間の一人時間で集中執筆したのだそうです。

「その期間は、寝る以外、ほぼすべての時間を執筆に当てて過ごしました」というジルさんですが、それにしても驚異的なスピードと集中力です。

プレッシャーに押し潰されそうにならないのかと聞くと、ジルさんはにっこり笑って「私にあるのはこの2週間しかなかったので、やるしかないと自分で覚悟を決めた後は、もう大丈夫です」と答えました。

バウンダリーがある

ジルさんのモチベーション管理能力に感心しながら、私は自分の悩みを打ち明けました。正直なところ、私は自分が締め切りのプレッシャーを抱えている時に、あちこちから来る「(本当は必要のないはずの)打ち合わせのお願い」や「(検索すればすぐに分かるような)台湾旅行についての質問事項」、そんなに親しくない知人からの「台湾に来たのでご飯でも」といった連絡を受けると、タイミングによっては「なぜこの人たちは、私の時間を奪いに来るのだろう」と、ルサンチマン的な気持ち（弱者が強者に対して抱く憤り）を感じることがあると打ち明けました。

ジルさんは優しく微笑みながら、「私の場合、そうはなりません。なぜならこの締め切りは私自身が決めた都合なのであって、連絡してきた相手には関係がないからです。事情を話して、またスケジュールが許す時にお願いしますと伝えます」と言い、そして**「EQの高い人は、自己と他者の間に心理的な境界線『バウンダリー（Boundary）』を引くことができています」**と続けました。

バウンダリーについて、ジルさんはこう話してくれました。

「『爛好人（ただの良い人）』と、EQが高い人の違いもそこにありますね。自分にできること、できないこと。やりたいことと、やりたくないこと。自分自身を守るためにも、それを自分自身が把握しておくことは大切です。

他人から要求されたままに引き受けていると、それは自分自身を抑え込むばかりでなく、結果的に物事をしっかり遂行することができないといった事態まで引き起こしてしまいかねません。そして、あなたの心も自分自身の価値を見失ってしまうかもしれません。

台湾華語で『不要活在別人的期待中（ブーヤオホオザイビエレンダチーダイヂョン）（他者の期待の中で生きるのはやめよう）』と表現されるように、ずっと他人から望まれるままに行動していると、自分が自分ではなくなってしまい、最後には爆発してしまうのです。

自分と他人の間のバウンダリーは、私自身も最初から上手に引けていたわけではありません。私は内向的で真面目な性格なので、小さい頃はよく『私がこんなに真剣にやっているのだから、みんなにも真剣にやってほしい』と思うことがありましたが、後になって『自分と他者は関係ないんだ、私ができることは私がやればよく、それと他人は関係ない』と思うようになったんです」

話を聞きながら、「ジルさんにもそんな経験があったんだ！」と親近感を抱きましたが、彼女は子どものうちにバウンダリーを引く練習を始めたと分かり、かくして今の高ＥＱなジルさんがいるのだと納得しました。

また、高ＥＱな人物像について、ジルさんはオードリー・タン氏の名前を挙げました。

「今回弥生子さんと話していて、オードリーさんの『不委屈自己，也不為難別人的方法（自分を曲げず、それでいてみんなとより良くやっていける方法）』という言葉を知ることができて、本当に勉強になりました！　多くの場合、人に合わせるか、自分を抑えるかの二択しかないのだと思っていたけれど、そういう第三の選択肢があるのだと知ってとても共感しました。

オードリーさんとは一度だけ食事会でご一緒させていただいたことがありますが、その食事会にはたくさんの参加者がいたし、オードリーさんは常に聞き役に回っていて、一緒に食事をしたとはいえ、私は彼女が心の中でどんなことを考えているのか、どんな生い立ちだったのか、知る由もありませんでした。弥生子さんが彼女についての本を書いたり話を聞かせてくれたおかげで初めて、オードリーさんの考えに触れることができました」

そんなジルさんの言葉に励まされ、私はオードリー氏の「自分を曲げず、それでいてみんなとより良くやっていける方法」について、こんなエピソードを話しました。

私がオードリー氏に何十時間もインタビューさせてもらっていたのは、彼女が過去にデジタル担当大臣だった頃のことです。現在、500名以上のスタッフを引き連れてデジタル発展部のトップに就任したオードリー氏は、デジタル領域以外の取材はほぼ受けていません。

ただ、私の書いたエッセイ『台湾はおばちゃんで回ってる?!』が23年の夏に台湾で翻訳出版されることになり、台湾の出版社から「オードリーさんの名前を推薦人として帯に入れたい」と相談されたので、私は無理を承知で恐る恐る連絡してみました。オードリー氏の答えは、「大臣」という肩書は使わず、「オードリー・タン」という個人名だけならOK、というものでした。

「多くの読者は気付いていないかもしれないけれど、これは『デジタル大臣としてではなく、オードリーさん個人としてなら引き受けてもいいよ』という意味だと思う」と私が話すと、ジルさんは目を輝かせながら、

「うわぁ、すごいね、彼女は本当に自分のバウンダリーがあるんだよ。そう思わない?」とうれしそうです。

「**自分にとって何が重要なのかをはっきり理解して、それに集中しているん**だよね。デジタル大臣の仕事は公務員としての務めで、でも書籍の推薦人に名前を使うのは個人的なことだと、しっかりバウンダリーを分けられている。これは本当に素晴らしい

ことで、私もオードリーさんから学びたいです。台湾にオードリーさんがいてくれるのは、本当に幸せなことだと思います」

ジルさんにそう言われるまで、それがオードリー氏のバウンダリーだと意識したことがなかった私は、この会話を通して自分自身の中に「バウンダリー」という新たな視点が備わったように感じました。

台湾人が重視する「做人（ズゥオレン）」とは

なぜ台湾人がEQを重視するのかをジルさんに聞いてみると、「台湾では、『做人』が非常に大切にされています。『做人』とEQは非常に密接な関係があるので、私たちはEQを重視するのでしょう」と答えてくれました。

「做人」とは、台湾華語で「相手のことをよく考える、親切な人」といった意味で、台湾には「做人比做事更重要（ズゥオレンビーズゥオシーゲンヂョンヤオ）（何かを成し遂げるより、人を大切にするほうが重要だ）」といった概念が存在します。

一口に「做人」と言っても、**相手が自分にとって役に立つと思うから、見返りがあるから親切にする「偽物の做人」と、見返りを期待せずに相手のことを考える「本物の做人」があるということ**というのは、身近な台湾人からよく聞くところです。

ジルさんは、高EQだと思う人物を教えてくれました。台湾のテレビなどでベテランの男性司会者として活躍するツァイ・カンヨン（蔡康永）さんです。

「通常、芸能人やタレントといった著名人はテレビに出ると〝すごい人だと見られたい〟〝美しく見られたい〟という気持ちが働くと思います。でも、カンヨンさんは、ゲストが普段他の番組では話さないようなエピソードや想いを引き出すことができるんです。

例えば、女優のリン・チーリン（林志玲）さんは出産後ほとんど芸能の場に出なくなりましたが、友人であり、彼女の結婚式で司会を務めたほどの縁があるカンヨンさんのインタビューを受けたことが話題になりました。彼女は『自分からプロポーズした』という話を初めて公開の場で明らかにしたり、時に涙を流しながら心の内を話していました。彼女は普段からめったに涙を見せないので、私たち視聴者にとってそれはとても意外なことだったんです。

これはカンヨンさんが話し上手というだけではなく、相手の感情や気持ちを理解できるからこそなし得るのだと思います」

高EQの人は、相手を緊張させない

ジルさんは、自分と同じスポーツ業界内のベテラン男性からEQの高さを感じたエピソードを教えてくれました。

「私の大切な友人に、30年以上のキャリアを持つ野球解説者で、曾文誠（ツォンウェンツェン）さんという方がいます。野球界をけん引し続ける大ベテランですが、いつも彼のEQの高さを感じています。

例えばある日の晩、私が娘の髪を乾かしていた時に、娘が間違ってＬＩＮＥの通話ボタンを押し、曾さんに電話をかけてしまったことがありました。

『夜の9時過ぎに大先輩に電話をかけるなんて、大変失礼なことをしてしまった！』ととても怖くなり、急いで呼び出し中のＬＩＮＥを切ってから、曾さんに『娘が間違って通話ボタンを押してしまいました、すみません』とメッセージを送りました。

すると彼は『大丈夫ですよ。今度はうちの娘から電話をかけさせますね。それでおあいこです』という返事をくれたのです。

そのメッセージを見た私は、彼に私を責める気持ちがないことを瞬時に感じることができましたし、彼は私が内向的であることを知っているので、ちょっぴりユーモアのある言葉で私を慰めてくれたのだと感じました。

こんな遅い時間に大先輩に電話をかけるなんて、大変失礼なことをしてしまった……と、心中穏やかでない私でしたが、彼の一言で突然気持ちが楽になりました」

これは、**高ＥＱの人が相手に高圧的な態度を取ったり、相手を緊張させないように思いやることができる**という好例でしょう。

仕事相手が何かうっかりミスをした時、チャット上でつい「大丈夫ですよ」とさらっとした一言で返してしまいがちな私ですが、相手の緊張が緩むようなユーモアを発揮できるようになりたいと思いました。

ジルさんがEQを意識したのはいつ?

そんなジルさんが初めてEQを意識したのは、小学4年生くらいの時だったそうです。

「母が同僚と一緒にバスケットボールの試合に連れて行ってくれるというので、とても楽しみにしていました。バスケの試合を観戦するのは初めてだったのです。ただ、道がすごく渋滞していて、会場に到着した頃には試合が始まってしまっていました。私と母は車を降り、母の同僚は駐車場に車を止めに行きました。

当時は携帯電話がなかったので、私と母は同僚が車を止め終わって会場に来て一緒に会場内に入るまで待たなければなりませんでした。

外で待っている間に試合開始時間が来てしまったので私はとても気がはやってきました。そしてイライラしながら、なぜ同僚を待たなければならないのか、今すぐ先に中に入って試合が見たいと母にせがみました。

そんな私に母は『あなたは私の同僚について考えてみたりした？　同僚はきっと私たちと同じように、焦った気持ちで車を止められる場所を探していることでしょう。同僚がなんとか車を止めてここに来た時、私たちがいないと知ったら、どう感じると思う？』と言ったのです」

その時ジルさんは初めて、それまでの自分が自分のことしか考えず、他の人のことを考えていなかったことに気付かされ、それ以来、生活の中で自分以外の人の立場から物事を考えてみるようになったのだそうです。

アジア人としてのアイデンティティー

今回私がジルさんに協力を請いたいと思った理由は、ジルさんが高EQの持ち主であるという点の他、もう一つ、ジルさんがアジア人として米国で働き、結果を残してきたという点がありました。ジルさんの著書『「静かな人」の戦略書』には、彼女のアジア人としてのアイデンティティーが所々に見られ、私を大きく刺激したのです。私がそう伝えると、ジルさんは過去の経験を話してくれました。

米国で働き始めたばかりの頃、ジルさんは米国人と台湾人の仕事上のコミュニケーション習慣の違いに戸惑い、どうすれば良いのか分からなくなったことがあったのだそうです。

「米国の会議では、自分と人の意見の違いを見つけ、それを発言することが期待されます。

自分と人の意見が70～80%同じであれば、残りの20～30%を言葉にして発言するよう求められます。前の人の発言に対して違う意見だったり、前の人の意見にさらに何かを付け加えるような発言が望まれるといった感じなんですね。それに対して台湾は、会議の参加者たちの間にある共通した部分、意見の最大公約数を探すような傾向があると思います」

米国で毎日「あなたはどう思いますか？」と聞かれて、「私は……」と言葉に詰まっていたというジルさん。発言すること自体を恥ずかしいと感じているのに、さらに大勢の人の前で発言するなんて、もってのほかです。「自分の意見はそれほど重要ではない」と感じているのに、米国の職場環境は常に「あなたの考えは？」と迫ってきます。内向的な彼女は、自分の心の内を言語化して発言することを難しく感じ、帰宅するとあれこれ内省する日々を送っていたのだそう。

そこでジルさんが取った方法は、深く考えず、とにかく発言することでした。間違っていても、他人に好かれなくても関係ない、とにかく言葉を口にしてみるようにしたそうです。もちろん、家に帰ると自分の発言のどこが悪かったかを内省し、後悔する日々ではあるのですが、それでも少しずつ発言することに抵抗がなくなり、話す内容も進歩できるようになりました。

そんな変化に大きく役立ったのが、感情の管理だったとジルさんは言います。

「自分の力を発揮する上で、自分の感情を掌握できていたことは大きかったと思います。**自分の感情に引きずられたり、感情にとらわれてそこから抜け出せなくなると、**

自分のパワーの多くを感情に費やすことになり、本当にやるべき仕事に使うことのできる余力が失われてしまいます。だからこそ、感情のコントロールは非常に重要だと思います」

このジルさんの変化は、非常に興味深いと思います。

「郷に入りては郷に従え」という言葉がありますが、台湾生まれ・台湾育ちのジルさんは、今自分が働いている米国と、自分が育った台湾、それぞれの方法の間を行ったり来たりした結果、「大切なのは相手とコミュニケーションを取ることであり、〝相手に分かるように話す〟ことだ」と考え、完全にアメリカのやり方に合わせるのではなく、自分が心地よいと感じられる程度のバランスで米国側のやり方に合わせていくことにしたのでした。

結果的にそのやり方はとても功を奏したそうです。

ジルさんによれば、これらの経験によって、人のやり方や考えをそのまま信じるのではなく、自分なりの物事の見方を持つ「クリティカルシンキング」を実践することができるようになったのだそうです。自分の考えを相手に伝えるかどうかも含めて自分で選べばよく、「相手に伝えない」というのも一つの方法だと考えるようになったのでした。

このように、自分の感情が居心地の良い方法を見つけて実践するのも、「自分を曲げず、それでいてみんなとより良くやっていける方法」ですよね。

多様性の中で合意を形成する

クリティカルシンキングは必要なものだという前提は置きつつ、衝突を嫌い、和を尊しとする台湾の考え方は日本と非常に近いのではないでしょうか。

ただ、この点で台湾と日本にギャップがあるとするなら、台湾は多民族・多様性社会においても「大まかなコンセンサス」をつくり上げるのが非常にうまいという点です。

台湾では選挙権を持たない18歳以下の若者や、私のような外国籍の市民でも、オードリー氏も設立に関わった「Ｊｏｉｎ」というインターネット上のプラットフォームを通すことで行政に対する提議ができ、60日以内に５０００人からの賛同を集められさえすれば、行政の担当者から正式な回答を得ることができます。

2017年にこのプラットフォームで「台湾全土で使い捨て食器を段階的に禁止すべき」と声を上げた女子高校生の意見に賛同が集まったことが契機となり、19年にプラスチックストローの使用が部分的に禁止されました。その後も脱プラスチックの動きは少しずつ前進しており、22年12月より台北市がドリンク店でのプラスチックカップを全面禁止、23年には新北市・桃園市・台南市など、台湾各地でも同様の措置が採用され始めました。

私がその話を持ち出すと、ジルさんは面白そうに話を展開してくれました。

「以前、台湾の各地方自治体によってゴミ捨ての袋が有料のものに統一された時、最初台湾では皆が非常に反対したものです。当時の行政が採った方法は〝段階的に移行していく〟というものではありませんでしたから、市民たちへの打撃がとても大きかったのです。

その後、行政は朝食店や市場、屋台などで提供されるプラスチック袋の無料提供を禁止しました。どんなプラスチック袋であっても有料にしなければならなくなりましたが、お客さんからは『袋がないと不便だ』と言われてしまいます。『袋は1元です』と言うと、『なんでこんな袋に1元も払わないといけないんだ』と文句を言われたりします。結局、トラブルを避けるためにお店側がそのお金を負担するようなケースも多くなりました。

弥生子さんが例に挙げたストローの例は、過去の『いきなり全面的に禁止にすると市民側は到底受け入れられない』とか『小さな商売をしている人にいきなり押し付けるのは無理があった』という経験が役立っているのでしょう。

プラスチックストローの禁止対象はまず、大手のチェーン店でした。大企業から広げていくことにより、比較的余裕のある対処法を生み出す前例が生まれます。今では『使い捨てのプラスチックカップの代わりにマイボトルを持っていけばドリンクを5元割引する』といった手法も生まれました。

行政、販売者、消費者それぞれが自分たちにとって良い方法を少しずつ見いだしていくやり方は、とても台湾らしくていいですよね」

確かにそうかもしれません。台湾ではアジア初となる同性婚姻が合法化されたり、23年1月に成人年齢が18歳に引き下げられたりしましたが、これらは多くの話し合いを通して、部分的に認められるようになったものです。それも決してすぐに合意が形成されたわけではありません。同性婚姻の合法化は、国民投票では多数否決され、結果的に民法の改正ではなく特別法をもって実現されました。

成人年齢も、18歳に引き下げられはしましたが、投票権はいまだ20歳になるまで認められていません。これも蔡英文（さいえいぶん）政権下で与党の民進党が多数を占める立法院（国会）で選挙権年齢を18歳に引き下げる憲法修正案が全会一致で可決されたものの、それを憲法修正条件である国民投票では同意票が必要数に達せず、否決されたという背景があります。

EQと直接的な関係がないように感じられるかもしれませんが、さまざまな価値観を持つ利害関係者たちと合意を形成するというのは、恐らく多くのリーダーにとって大事な仕事の一つだと思います。これまでの強力なリーダーシップやトップダウンによる意思決定が、次第になじまなくなってきた今の時代、この「台湾モデル」は大きく役立つ考え方のように私には思えるのですが、いかがでしょうか。

相手の言語で話す

多様性社会の中で合意形成するためのヒントに、ジルさんは面白い言葉を教えてくれました。

それが、「見人說人話（ジェンレンショーレンホア），見鬼說鬼話（ジェングェイショーグェイホア）（人に会ったら人の言葉を話し、幽霊に会ったら幽霊の言葉を話す）」という表現です。もともとはそれぞれの相手に都合の良い話ばかりをする〝八方美人〟のようなニュアンスで、あまりポジティブな意味合いではなかったようなのですが、ジルさんはこのような方法の大きな優れた点に、それぞれ意見が違う人々の話を聞いた上で、誰もが納得できる意見を探し出せるといった側面があるように感じるようになったのだそうです。

「今の社会では『異中求同能力（イーヂョンチヨウトンナァンリー）（異なる中で同じものを見つける〈Unity in diversity〉の能力）』が非常に必要とされていますよね。政治家、教師など、あらゆる人に必要だと思います。その時に、この〝相手の言葉で話す〟というスキルは役に立つかもしれません。

どのように子どものEQを育むか

EQや「換位思考（エンパシー）」「做人（相手のことを考え、人を大切にする）」といった概念が重視される環境で育った台湾人は、自然とEQを育むことができるようですが、同じく「人の立場に立って物事を考える」という教育は受けているものの、現在はEQの概念自体がそれほど浸透していない日本で、私たちはどのようにEQを育めばいいのでしょうか。特に、子育てに生かせる方法があったら知りたいものです。

そんな私の質問に対して、ジルさんは「娘はまだ小学3年生なので、特にEQの概念を意識して教えていません。まずは『同理心（トンリーシン）（思いやり）』を育むことを大切にしています」と話してくれました。

ジルさんが働いていた米国では、思いやりは「一つの加点されるポイント」に過ぎなかったそうですが、台湾では「なぜあなたは他の人のことを考えないの？」と問われるほどに必須条件であるとされているそうです。その点は少し日本にも通じる部分がありそうですね。

ジルさんが娘さんに接する時には、前述したジルさんの母親がジルさんにそうしたように、「換位思考（エンパシー）」や「同理心（思いやり）」に気付きを与えるような問いを立てるようにしているのだそうです。

例えば、娘さんが学校でクラスメイトとケンカをした時には、「どうしてケンカになったのかな？」「あなたは今、どのように感じているの？」などと尋ね、娘さんの気持ちを聞き出してから、「相手はわざとケンカを仕掛けてきたのかな？」「お友達と一緒に解決できる方法はあるかな？」というように、娘さんが自分で言葉にする練習をするといった形です。

いくら「換位思考（エンパシー）」が大切だとはいえ、小学校の低学年では、まだ学校の先生やクラスメイトたちにどのような背景があるのかを想像するのは難しいことでしょう。

ジルさんは娘さんに、まず自分の気持ちや考えを伝える練習をしながら、「自分の気持ちは自分で伝えよう。何も伝えないで他の人があなたの気持ちを察してくれるとは思わないように」と言い聞かせているのだそうです。

「自分の気持ちを伝えること」「相手に察してもらえると思わないこと」。確かに、自分の気持ちや他者とのバウンダリーを意識することは、EQを育む土台になってくれそうですね。

台湾式のEQが日本に通じる理由

「人に迷惑をかけてはならない」と考えるアジア人

「私たち台湾人は、他人の考えを理解したり、他人の感情を慮る（おもんばかる）ことを教えられてきました。米国が個人主義なのに対し、台湾や日本は団体主義であるという違いがあります」

そう語るジルさんは最近、娘さんがそうした台湾社会の影響を受けて育っていると感じた出来事があったそうです。

とある週末、娘さんが熱を出した時のこと。

体温計を探したり、出かける予定をキャンセルして、週末でも診察を受けられる近くの診療所を探したりと、ジルさんと夫さんが忙しくしていると、娘さんが「ママ、ごめんなさい。迷惑をかけちゃって」と言ったのだそうです。ジルさんは驚いて、「誰がそんなことを教えたの?! あなたは私たちの娘なんだから、『迷惑をかける』なんてことは永遠にないんだよ！」と答えたそうです。

それからジルさんは考えました。もしかすると自分たちが子育てをする中で、娘に「人に迷惑をかけてはならない」とか「体調を崩すと家族にしわ寄せがいく」といったことを感じさせてしまっているのではないかと疑問を持ちました。

「小学3年生の子どもが、『人に迷惑をかける』と考えるなんて……米国では考えられないことです！『自分が人に迷惑をかけるのではなくて、他人が自分に迷惑をかけてくる』というのが米国での考え方です」

ジルさんはきっぱりと言い放ったのですが、私にはよく分からなかったので、もうちょっと詳しく教えてほしいと頼みました。

アジア人ならではの「より良いやり方」を考えよう

するとジルさんは、また別のエピソードを紹介してくれました。米国のラスベガスで暮らす友人の話です。

「ラスベガスのカジノには多くの高級レストランがあり、その多くがビュッフェ形式です。

ずらりと並んだ料理を好きなだけお皿に取って、自分の席に着いていただくわけですが、その時友人が利用したレストランのフロアは水で濡れていて、友人は両手に食べ物を持ったまま足元を滑らせ、転んでしまいました。

身体中にべったり食べ物がかかってしまったので友人はとても恥ずかしくなり、急いで立ち上がり、その場を少し片付けるとトイレに駆け込み、汚れた洋服や身体を洗いました。

レストランのマネジャーがカジノに常駐している看護師を連れて来たのはそれから15分ほどしてのことで、友人に怪我をしていないか、大丈夫かと尋ねました。これは台湾人の友人のケースです。

実は、同様のケースが米国人にも起こったことがあったそうです。

その米国人は私たちより少し年上で、黒人の女性でした。女性はカジノの床で転び、食べ物が床に飛び散りました。

その時に女性が取った行動はこうでした。転んだまま立ち上がらず、『このレストランはどうなっているの？』と叫び始めました。そして、自分がこのカジノでどれだけの金額を使ったか、それなのに食事をしに来たら滑って転倒させられたと、続けざまに大きな声で周囲に訴え始めたのです。すると慌てたマネジャーと看護師が急いで飛んできて、『お怪我はないですか、検査が必要ですか？』『お洋服のクリーニング代にはいくら必要ですか？』『次回のお食事は無料でご招待します』などと言いながら、女性を救急車で宿泊先まで送り届けたのだそうです」

そしてジルさんが米国在住の友人にこの対照的な二人の話をすると、〝主張してこそ、必要なものが得られる〟というのが米国の文化であり、米国ではその女性のように振る舞うのが一般的だと言われたのだそうです。

ジルさんの台湾人の友人が床に飛び散った食べ物を自分で片付けたのは、他の人が自分と同じように転んでしまわないかを心配したからですが、米国人はあまりそのような考え方をしません。台湾には「大事化小（大きなことを小さく収める）」という概念がありますが、米国は全く逆なのです。「私が滑ったのはレストランに責任があるのだから、私は賠償を求めます。さらに次回は食事や宿泊を無料で招待してください」などと、大きな声で訴えることで、実際にそれらを得られるのです。

「個人主義の米国では、自分の考えや訴えを表現することが奨励されます。大きな声で話せば話すほど、人々があなたの話を聞く確率が高まります。一方の台湾では、『他人に迷惑をかけてはならない』『自分が他の人たちと違うと思われたくない』といった考えが主流ですね」

そう話すジルさんに、私は「ジルさんだったらどうしますか？」と尋ねました。前述したように、台湾と米国の価値観の狭間で、自分なりのバランスを取ると言っていたジルさんだったらどうするのか、とても知りたかったからです。

結果、ジルさんの答えはとてもEQの高いものでした。

「私だったら……そうですね。まずスマートフォンで転んだ様子の動画を撮影します。録画しながら、転んでしまった自分が今どのような状況で、何分くらい経過したけれどまだ責任者が来ていないこと、身体のどの部分が痛いかということ、そしてレストランのロゴなどをしっかりと写すことで、自分の身に起こったことを記録します。

それから、身体中が汚れていて、汚れた床に座ったままの状態は非常に不快なので、自分で起き上がって、少し床を整理するかもしれません。そして責任者が来たら、自分が撮影した記録を見せるでしょう。これが証拠であり、現場で私が転ぶのを見た人もきっと証言してくれること、それらによって私がレストランを訴えることができると主張します」

動画を撮影するのは、とても素晴らしいアイデアだと思いました。ただ、「訴える」というのは、なかなか穏やかでないように感じます。私が率直にそう言うと、ジルさんは「米国では、『訴える』と言わないと、相手が真剣に話を聞いてくれないんですよ」と教えてくれました。

「前述した『見人說人話（ジェンレンショーレンホア），見鬼說鬼話（ジェングェイショーグェイホア）（人に会ったら人の言葉を話し、幽霊に会ったら幽霊の言葉を話す）』ですね。環境が異なれば、物事に対するアプローチも異なると思います。望むものを達成するには、その地で通用する方法を使う必要が出てきます。ただ、私も大きな声で叫ぶのは慣れないので、録画するという、自分にもできる方法で解決します」

自分の価値観と違う場所でも「自分を曲げずに済む方法」を創り出しているところに、ジルさんの高いEQを感じます。皆さんだったらどう対応するでしょうか？

理不尽な話が来たら、それは「EQを練習するチャンス」

前述した台湾の離島・澎湖での体験の他、移民局、郵便局などあらゆる生活のシーンで怒りをコントロールできなくなったことがあると話すと、ジルさんは「相手への期待値が高いのかもしれないですね。弥生子さんは『まあいっか』と流すことはしないんですか？」と尋ね、こう続けました。

「私はけっこうすぐに諦めます。もしかしたら、日本のサービス業が世界レベルを

ジル・チャンさんとEQについてたくさんの話をしました

超越した水準に達しているから、お金を払った分の対価が得られるのが当然だと考えるのかもしれませんね。でも、台湾や米国では、タクシーの運転手さんから『ちょっと買い物するからあの店に寄っていく』などと言われることもありますよ。日本だったらあり得ませんよね。でも、台湾にも米国にも本当にさまざまなタクシーの運転手さんがいて、日本のように標準化されていないんです。

だから、しっかり交通ルールを守って運転する人もいれば、タバコの臭いがきつい運転手さんもいるのが当たり前の環境で育ったので、私たちはまるで抽選をするような気持ちでタクシーに乗ります。もし嫌な人に当たってしまっても、それは単に運が悪かったとしか思いません。**他人のことは何も変えられないのですから、どうせだったら楽しい気持ちで接しましょう**、台湾人はそう考えます。まぁ、これは一種の生活態度についての話で、EQとはあまり関係ないかもしれませんが」

ジルさんからそう言われて気が付きました。私の感情が乱れるのは、確かに往々にして生活のシーンです。理不尽が当たり前なビジネスのシーンでは、私自身にもかなりの耐性が付いているのでしょう。まさに「相手が悪かったな」「相性の問題だな」などとスルーすることができます。それが自分がクライアントの側に回った途端、相手に自分の期待値を押し付けてしまっていたのでしょう。

書いていて恥ずかしいことばかりですが、私自身がEQ初心者で、当たり前に持つことができていないからこそ、学習の過程をシェアすることで、同じことに悩む他の人の役に立てると思うことにしようと思います。

そして、理不尽な話が来たら、「これはEQを練習するチャンスだ！」と腕を鳴らすくらいの自分に変化していきたいと思いました。皆さんは、いかがお感じになられましたか？

台湾で「高EQ」「低EQ」とされる人物とは

台湾人が考える、「高EQ／低EQな人物」

台湾人を対象に行ったオンラインアンケートでは、それぞれが思う「EQが高い人物」「EQが低い人物」について質問してみました。回答の多くに芸能人や著名人よりも政治家の名前が多く挙がってくるのが、いかにも台湾らしいなと感じます。

私も過去に日本で暮らしていたときは、テレビやニュースサイトで流される芸能ニュースを受け身で眺めていましたが、台湾では芸能ニュースと同等かそれ以上に政治家の動向に関心が高い人が多く、「こちらのほうが社会にとって健やかだな」と意識するようになりました。

この章では、実際にオンラインアンケートで寄せられた「EQが高い人物」「EQが低い人物」それぞれについてピックアップしながらご紹介して、それぞれの言動やエピソードから特徴を読み取ってみたいと思います。

オンラインアンケートの回答者は145人。私自身のSNSを通じて回答を募集したので、私の周囲のコミュニティの偏りが出ている部分もあると思います。あくまで、台湾の人々がどのような行動をEQに関連付けて考えるのか、そのヒントにしていただければ幸いです。

高EQな人物像

最も多く名前が挙がったのは蔡英文総統

29人が名前を挙げていたのが、台湾の蔡英文（さいえいぶん）総統（大統領に相当）

です。

皆さんは、日本で高EQな人物についてアンケートを取ったとしたら、1位に首相や政界のトップの名前が挙がるようなイメージができるでしょうか？　私にはとても意外なことに思えました。

アンケートを実施したのが総統選挙前の2023年の10月あたりからなので、蔡英文総統の露出が高まっていたことが影響している面もあるでしょうが、私自身、周囲の台湾人との普段の会話でも、小学6年生の長男とも、よく蔡英文総統の話をします。

アンケートに寄せられた意見を見てみましょう。

「中国からの悪意ある発言や、ネット上の暴力、他の政党からの中傷にも、毅然として動じず、穏やかなままです」

「政権を握っている間、多くの言語攻撃を受けてきましたが、これまでの蔡英文には感情に大きな変化が見受けられませんでした」

「中国との複雑な関係を含む国内外の政治問題に対処する際、高度な感情コントロールと対人交流スキルを見せてきました」

そもそも台湾人たちが選挙によって自分たちで総統を選ぶことができるようになったのは、台湾の民主化が進み、直接投票の制度が導入された1996年のこと。それからまだ30年も経っていないんですね。独裁政権や権威の腐敗を嫌う台湾人は、選挙を非常に重視しており、主権が自分たちにあることを非常に大切にしています。政治家は自分たちが選んで、まつりごとを代わりにやってもらっているという意識があり、当選させた後もしっかり働きぶりを監督しています。

台湾の総統選挙における投票率は、ほぼ毎回70％を超える高さで知られていますが、期日前投票や不在者投票といった制度はなく、皆、選挙の日には自分の戸籍がある場所まで里帰りして投票します。「たった一票」と思われるかもしれませんが、その大切な権利の行使のために、海外で学ぶ留学生や、働いている人々が遠路はるばる帰国していることを見ても、驚異的な数字です。

政党間の争いは非常に激しく、4年に一度行われる総統選で、これまで8年ごとに政権政党が入れ替わってきました。もちろん一つの政党に権力が集中することを恐れている台湾人の感情も反映されています。それが今回24年の総統選挙では、その8年ジンクスが破られ、史上初となる3期連続与党が実現しました。個人的には、今回新総統に当選した頼清徳(らいせいとく)副総統への期待というよりも、コロナ禍を乗り越え、中国からの圧力にもひるまず、世界に対して台湾の存在感を示し続けてきた蔡英文総統の路線を国民たちが支持したという意思の表れが大きかったように思えます。

そんな蔡英文総統が初当選したのは16年のことで、続く20年にも再当選しましたが、総統を続ける中で、野党や中国側から厳しく批判され続けてきました。

また、蔡英文氏が総統になったことで、中国が外交に圧力をかけて台湾と国交を結ぶ国を減らしたり（蔡英文が初めて総統に就任した16年には22あった国交樹立国が、24年1月の総統選挙で民主進歩党（以下、民進党）の与党継続が決まった時点で史上最低の12にまで減少）、台湾から中国への農産物などの輸入を制限したことで経済や農業への打撃を受けたりしてきました。

台湾が世界から国として認められず、国連やWHO（世界保健機関）などといった国際機関への加盟を認められていないことで、コロナ禍でもWHOからの情報が提供されないばかりか、親中で知られるWHOのテドロス事務局長から「台湾から人種差別的な中傷や攻撃を受けた」と主張されました。台湾当局の調査によると、テドロス事務局長への攻撃は中国のネット工作員らによるものである疑いが強いという報告がされています。このときも、蔡英文総統は即時に抗議を表明しました。

そのときの抗議文には「台湾は長年の間あらゆる差別を受け、国際的な組織から排除されてきました。誰よりも差別と孤立がどのようなものであるかを知っています」「テドロス事務局長を台湾にご招待したいです。台湾人が差別され孤立していても世界に向けて出ていき、国際社会に貢献しようと努力していることをきっと感じていた

愛猫「蔡阿才」の写真を手にする蔡英文総統（提供／中央通信社）

だけると思います」などと書かれており、相手を一方的に批判するのでなく、自分たちのスタンスを知ってもらうための働きかけをするところに、EQの高さが表れていました。

蔡英文総統は、実は過去には笑顔があまり見られない、ちょっと近寄りがたい雰囲気の方でした。それがポジティブに転換したのは、明らかに途中から変わった蔡英文総統のイメージ戦略やSNSマーケティングが功を奏したのではないかと私は見ています。

蔡英文総統は大の猫好きで知られており、猫と一緒に写る写真ではいつもとびきりの笑顔を見せてくれます。SNSにはそうしたものが使われるようになりましたし、実力のある若手デザイナーやフォトグラファーたちにさまざまな制作物を依頼することで、カルチャーに敏感な若者たちからも親近感を持たれるようになりました。そんなイメージ戦略を打ちながらも軽くなり過ぎないのは、もともとの蔡英文総統の持ち味である、地に足の着いた〝動じなさ〟があったからだと思います。

こんな興味深い出来事がありました。

今回の総統選挙で、蔡英文総統が所属する民進党が製作した、宣伝用のショートムービー「在路上（On the way、道の途中といった意味）」が公開され、大変話題になりました。4分ほどのムービーでは、最初、蔡英文総統が運転する車の助手席に、総統選立候補者の頼清徳副総統が乗っていました。そして、後半で蔡英文総統は車を降り、頼清徳副総統がハンドルを握り、助手席には新たに副総統候補者の蕭美琴（しょうびきん）さんが乗り込むという流れです。

すると翌日、Facebook上に突如「海辺へ蔡英文を迎えに行こう」という架空のイベントが立ち上がり、瞬く間に1万8000人が「興味あり」または「参加予定」のボタンを押したのです。これは、多くの民衆による温かな蔡英文総統への気持ちの表れでした。私の周囲からも、「でも蔡英文、私はまだ、あなたの車から降りる準備ができていないよ」といった声が挙がっていました。

それでもまさか、「高EQな人物像」というお題に対し、最も名前が挙がるのが蔡英文総統だったとは、改めてその人気ぶりには驚かされました。

女優のリン・チーリン（林志玲）さん

19人が名前を挙げていたのが、台湾の国民的女優・モデルのリン・チーリン（林志玲）さんです。2019年6月に日本のダンス&ボーカルグループ「EXILE」のメンバーAKIRAさんと国際結婚したことも話題になりました。

お二人の挙式会場は、台南出身のリン・チーリンさんの家族にとってさまざまな思い出が詰まった場所という理由から、台南の「全臺吳姓大宗祠」と呼ばれる史跡で執り行われました。これが親孝行を重んじる台湾人の心を掴み、結婚式の様子はまるで

2022年に出版されたリン•チーリンさんの著書『剛剛好的優雅: 志玲姊姊修養之道(拙訳:ちょうど良い優雅:チーリン姉さんのトレーニング道)』(遠流出版)には、40の高EQな言葉が収録されています

ロイヤルウエディングのように大祝福されました。

その後、お二人は22年1月に第一子の出産を報告。ＡＫＩＲＡさんは今、台湾で「国民的お義兄さん」と呼ばれ、とても親しまれています。

ただ、結婚前のリン・チーリンさんは、記者会見などのたびに台湾メディアから「結婚はまだですか」などと執拗に聞かれ、結婚した後も「お子さんはまだですか」といった質問を投げかけられるなど、失礼な記者に囲まれてきました。彼女が台湾で尊敬されているのは、テレビや週刊誌を見ているこちら側が呆れてしまうほど失礼なことを記者に言われても、決して言葉を荒らげたり、感情的になったりすることなく、品格を持って対応することで知られているからです。

「見た目が美しいだけの花瓶」などと言われたら、「私の外見を肯定してくれてありがとう。私の花瓶は空ではなく、中に物が入っていて、それを見つけてもらえるのを待っています」と返したり、「今は誰に追いかけられて（好意を寄せられて）いるんですか？」と聞かれたら、「時間に追いかけられています」と答えたり。

「女性は自分のことを大切にする人を求めがちだけど、覚えておいてください。自分のことを大切にできるのは自分だけだということを」「幸せを感じるというのは性格ではなく、一つの能力」といった言葉は、多くの人々を励ましてきました。何もかもに恵まれたように見える国民的なスターであっても、実は真剣に悩んでいることがあり、それを彼女なりに乗り越え、克服してきた言葉は「リン・チーリンの金言」として、メディアがこぞって記事にするほどです。

台湾を代表する高EQな人物、リン・チーリンさんの名前を挙げた方たちのコメントを見てみましょう。

「理不尽な批判や疑いを向けられても、いつもユーモアを交えながら、ポジティブに対応しています」

「メディアから厳しい質問を投げかけられても、知的で和をもって対応している上、メディアとも良好な関係が維持できています」

「メディアが何を聞いても、いつも微笑みながら答えています。たとえそれが失礼な質問でも、非常に知恵のある返し方で直接答えずにかわしています」

「記者の質問に知恵を用いて回答している様子は、見ているこちら側を春の風が吹いたような気持ちにさせてくれるほどです」

相手がどんなに失礼であっても、感情的にならず知恵とユーモアで対峙するリン・チーリンさんの受け答えを見て、台湾人たちは「さすがリン・チーリン！」と喝采を送っているのでした。

規格外の高EQの持ち主、デジタル大臣オードリー・タン氏

三番目に多い14票が入り、数多くのコメントが集まったのは台湾のデジタル大臣オードリー・タン氏です。

オードリー氏に関しては、何十時間も取材させていただいた経験から、私も彼女のEQの高さをたくさん垣間見てきましたが、台湾人の間で「本当に尊敬する」「台湾にオードリー・タンがいてくれて良かった」「規格外のEQの高さ」と讃えられていたのが、2022年11月に報じられたイギリスの公共放送BBCの「HARDtalk」という番組でのインタビューです。

プレゼンターのゼイナブ・バダウィさんが来台し、全編英語によって行われた独占インタビューでは、デジタル大臣であるオードリー氏に対し、「民衆調査では常に、台湾の人民たちが独立もしたくないし、中国と統一もされたくないという考えを持っていることが見受けられますが、台湾当局は独立についてどのようなスタンスを取っていますか?」とか、「蔡英文総統は中国と対話をしていないと、(野党である)国民

出典:デジタル発展部(moda)のオフィシャルFacebookページ

党側から批判されています。なぜ蔡英文総統は、中国との対話を受け付けないのでしょうか？」「（台湾の軍事戦略について）あまり賢いとは言えないように見受けられますが、あなたはどう思われていますか？」などといった質問が矢継ぎ早に繰り返されました。

　こうした質問は、本来であれば台湾の総統や外交トップ、政党のスポークスマンらが答えるべきものですから、オードリー氏は柔らかく拒絶することもできたでしょう。しかし、彼女は最後まで穏やかな表情を崩さぬまま、「My point is here（デジタル大臣である私の視点では）」という切り口で、デジタル面からの回答を続けたのです。

「私たち台湾のドメイン『.tw』は比較的独立していますから、台湾は世界的にも民主陣営の正式なメンバーであり、パートナーであることが何よりも重要であると考えています」

「あなたの質問は本質的に政治に関する問題ですが、無党派である私にしてみると、私たちは民主主義や人権といった話題に注目することもできると思うのです。我々は民主的なインターネット部門で、デジタル発展についての仕事をしています。台湾人や政府と協働するだけでなく、ジャーナリストに呼びかけることもできます。たとえ彼らが権威的な政府のもとで暮らしている人であってもです。私たちはそうした話題について話すことに、とても前向きなのですよ」

もしかするとこうしたオードリー氏の回答は、優秀なジャーナリストとしても知られるゼイナブ・バダウィさんの期待したものではなかったかもしれません。ですが自分たちの質問内容が、すでにオードリー氏の職務上の責務を超越したものであることは、ＢＢＣ側も承知の上だったと思います。

このインタビューはYouTube上で台湾華語の字幕付きで無料公開されており、オードリー氏やプレゼンターのゼイナブさんを讃えるコメントが非常に多く寄せられています。

おおかた、インタビュアーの質問は鋭かったけれど、多くの下調べをしてインタビューに臨んでいたことが伝わってきたし、質問はどれも多くの外国人が知りたいと思っている内容なはずで、それに対してオードリー・タン大臣がデジタル領域から答えた内容は、どれも素晴らしかったという、お互いの背景を理解した上でメディアのコンテンツを楽しめているといった内容でした。

オンラインアンケートでも、オードリー氏の「常にトラブルを探している野党たちに対しても、冷静に対応することができる」「民衆から厳しい質問を受けてもフラットに答えている」「ユーモアと教養にあふれ、個人攻撃をされてもやり過ごしている」といった態度を高EQだとする人が多かったです。

政治家や経済界の重鎮の名前が次々と

この他にも、政治家や経済界の重鎮たちの名前が挙がりました。

▼頼清徳副総統

頼清徳副総統の名前もオードリー・タン氏同様、14票が入りました。

「怒らずに物事に対処し、微笑みながら冷静に説明したりコミュニケーションができる」「記者や大衆からの質問に忍耐強く答えられる人物」「彼が台南市長だったとき、市議会でいつも理不尽な暴言や詰問を浴び続けていたが、いつも冷静に対処していた」

2期8年目という最大任期のため24年に退任する蔡英文総統の路線を継承し、民進党から次期の総統選挙に立候補し、見事当選を果たした頼清徳副総統。

過去に台南市長だった頃の頼氏が罵声や詰問を浴びる様子は、台湾でもよく報道されていました。

あるときは、議会でライバル政党の中国国民党（以降、国民党と記載）議員とおよそ50分にわたる討論になった際、頼氏のある発言に対してその議員から「女性の心には最も手強い毒があるという言葉があるが、頼清徳の心臓は、蛇や蠍の毒よりも強い毒がある」といった人格攻撃とも言えるような罵声を面と向かって浴びせられましたが、「私は自分が感じたことを話しました」と冷静に返す頼氏の姿がありました。

（出典：民視新聞網『頼清徳vs.謝龍介 台語質詢舌戰50分鐘』2016年6月7日）

こうした頼副総統の姿勢を、民衆は今でもはっきりと覚えているようでした。

▼コロナ禍で対策指揮センターの責任者を務めた、衛生福利部の陳時中元大臣

コロナ禍で、日本でいえば厚生労働大臣の立場にあり、新型コロナウイルス対策本部長を務めた陳時中（ちんじちゅう）氏には8票が入りました。

医療用マスクの不足は解消していたものの、色柄までは選べなかった頃、記者会見

2020年4月13日に行われた新型コロナウイルス対策指揮センターの記者会見で、陳時中元大臣（写真中央）をはじめとする男性幹部陣がピンク色のマスクを着用して登場（出典:衛生福利部疾病管制署YouTube）

で「学校でからかわれるからと、息子がピンク色のマスクを着けたがらない」という保護者の声が記者から紹介された翌日の記者会見に、陳時中氏ら男性幹部陣全員がピンク色のマスクを着用して登場。「ピンク色もけっこういいですよ」とコメントしたエピソードは、日本でも大きな話題になったと思います。

新型コロナウイルス対策本部は設立後、土日祝日も含めてほぼ毎日欠かすことなく記者会見を続けていました。記者会見の様子はメディアだけでなくインターネットでＬＩＶＥ配信され、国内感染が８週間ゼロを記録するまで続きました。

「対策本部は記者会見ではなく、防疫対策という仕事に集中すべきだ」といった批判も一部で上がりましたが、陳本部長らは「専門家だけでなく、国民全員で取り掛からないと防疫は達成できない」「だから我々は記者会見で広く情報を伝える」と、コロナ対策について日々の記者会見を続行。質疑応答にも時間ギリギリまで対応していました。そうした誠実な対応ぶりは多くの市民たちの共感を呼び、当時の支持率は90％以上あったといいます。

アンケートでも、「防疫の責任者として、記者からの手厳しい質問にも動じることなく、整然と回答していた」「他人からどんな攻撃を受けても、終始一貫して自らのやるべきことを貫いていた」という声が寄せられました。

▼陳建仁行政院長

陳建仁（ちんけんじん）行政院長は、前述の頼清徳副総統の前任者として、コロナ禍で副総統を務めた人物です。

衛生学のバックグラウンドがある（米ジョンズ・ホプキンズ大学公共衛生学部流行病および人類遺伝学の大学院で博士号を取得）陳氏は、台湾で重症急性呼吸器症候群（SARS）が流行した当時、衛生福利部の前身組織（日本の厚生労働省に相当）で署長を務めており、コロナ禍において専門家の立場から多くの助言や発信を行うことで、陳時中氏ら対策指揮センターを後方支援しました。

コロナ感染が拡大したタイミングではオンラインレッスンのプラットフォーム「Hahow好學校」とコラボレーションし、3部構成全50分ほどの『全民防疫通識課：陳建仁副總統來開講！（拙訳：陳建仁副総統が教える「全民防疫基礎レッスン」）』を無料で配信。

「知識は力であり、非常事態に正しい判断をする助けになると信じています」「未知のものに直面するとき、私たちは慎重になるべきですが、過度に恐れるべきではありません」と視聴を呼びかけました。

コロナ禍が終息し、惜しまれながら副総統を退任した際には、その後も受けられるはずの毎月18万元(およそ90万円)の支給や、送迎車といった副総統待遇を辞退(引退後の副総統待遇を辞退したのは陳氏が台湾史上初)。そのまま以前副院長を務めていた中央研究院に戻り、大好きな研究を続けることを表明しました。

また、自身はカトリックの名誉称号「ナイト」を所持しているほど敬虔なカトリック信者ですが、カトリック教会が同性婚姻を認めないとオフィシャルで表明したのに対し、台湾メディアのインタビューで「誰もが幸せな人生を追い求める権利を持っていて、それは

市民や公務員にとっての公僕として責務を全うすると述べた陳建仁行政院長
(提供/中央通信社)

同性愛者であっても例外ではありません」「彼らも私たちと同じです、ただ性的な指向が異なるだけです」「同性愛者にも理念を追求し、自由に生きる権利がありますが、同性婚姻に関しては社会的なコンセンサスが必要になるのかもしれない」などと語ったことも、大きな共感を呼びました（三立新聞台『新台灣加油』2015年11月18日）。

▼モリス・チャン（張忠謀）氏

台湾発・世界最大の半導体製造ファウンドリ「TSMC」の創業者であるモリス・チャン（張忠謀）氏にも4票が入りました。

同氏が一代で築き上げたTSMCは、世界最高水準の技術力が強みです。これも、半導体の設計は行わず、製造だけを行う「ファウンドリ」というビジネスモデルをいち早く確立することを選択し、最大のクライアントである米国のAppleなど世界のトップ企業の製造を請け負い続けてきたことで、最新の技術を擁し、世界の半導体受託生産の過半数を手がける圧倒的な強者に成長したという経緯があります。

今や半導体はパソコン、スマートフォン、自動車、家電など、あらゆる分野に欠かすことのできない電子部品となりました。

「台湾有事が起こっても世界が台湾を手放すことはできない、なぜなら台湾にはTSMCがあるからだ」といった意見は今、世界中で語られています。

そんなモリス・チャン氏率いるTSMCは、人材育成に重きを置いていることでも知られています。

同氏が信頼を置いていたとされる前HR(人的資本)本部長の李瑞華(リールイホア)氏は、「適切な人材ではなく〝最適〟な人材を見つけること」の重要さを強調し、TSMCの雇用過程でIQに加えて「EQ」や「AQ(逆境への対応力を表す指数)」という2つの項目を測定することを追加し、それら「3Q」の比重を大幅に増加させたと語っています。

TSMCの人材戦略が「会社の文化的な基礎を築くこと」「単に仕事をするだけの場所ではなく、一つのコミュニティを築き上げること」であると強調していたモリス・チャン氏。

モリス・チャン氏が直筆で記したと言われるTSMCのコアバリューは「Integrity(誠実)」「Commitment(コミットメント)」「Innovation(イノベーション)」「Customer Trust

(顧客との信頼関係)」の頭文字を取った「ＩＣＩＣ」と呼ばれています。機密情報の多い半導体ファウンドリとして何より大切なことは、クライアントとの信頼関係であり、自分たちの誠実さを重視してきたのです。

同氏は05年に一度引退を宣言していましたが、07年から起こった世界金融危機の影響で後継者らがやむなく従業員の５％を解雇したことに対する抗議が起こった際、曹操の言葉「老驥櫪に伏すとも志千里に在り(たとえ老いたとしても志を持ち、走り続けるといった意味)」を引用しながら、再び執行長に復帰を表明するという出来事がありました。

復帰してまず行ったのは、解雇した数百人の従業員を再雇用することでした。顧客に対して「Integrity(誠実)」であるためには、従業員に対しても同じでなければならない、従業員が安心して仕事に誠実に向き合うことが自分たちの事業に何より大切であるというのが、同氏の考えだったからです。そして引用した曹操の言葉通り、10年には売上高で世界第3位の半導体製造企業になるまでの成長を遂げました。そして23年には、初めて米国のインテル、韓国のサムスンを抜き、売上高世界トップの座に躍り出ました。

同氏は18年に引退を発表。退職前にメディアの取材に対し、人材の流出を食い止める秘訣として、「手厚い待遇」「従業員が、自分の好きな仕事ができていること」「自分が勤める会社に前途があると感じられること」の3つを挙げ、これらが管理職の責務であると語っていました。

市場ニーズの変化が激しい半導体分野にあっても、「人材を重視する」を空虚なスローガンに終わらせず、従業員側の視点に立って物事を見ることができる同氏は、台湾人から信頼され、讃えられています。

参考・出典：

・『台積電創辦人張忠謀：對的人才勝過好的人才』獨家報導 2020年12月7日

・『金融危機那些年，張忠謀重掌兵符召回了那些被裁員的員工』天下雜誌 2023年3月9日

・「価値観と経営理念」TSMCオフィシャルサイト 2024年2月7日時点

・『台積電30週年大事紀』中央通信社 2017年10月18日

・『當年不被看好的台積電 張忠謀如何獨創晶圓代工』台灣啟示錄 2021年2月9日

・『退休前最後一談！張忠謀曝台積電秘密　留住人才靠3大招』三立新聞 2018年6月5日

映画界・芸能人

▼映画監督のリー・アン氏と、その妻リン・ジェーン氏

多くの台湾人が誇りに思い慕っている世界的な映画監督、リー・アン（李安）氏の名前も挙がりました。25歳で渡米して映画製作を学び、『ブロークバック・マウンテン』でアジア人として初のアカデミー監督賞を受賞。その後も『いつか晴れた日に』『グリーン・デスティニー』といった作品でさまざまな国際的映画賞を獲得しています。

米国永住権を保持し、普段は米国を拠点にしているリー・アン監督ですが、台湾版アカデミー賞と呼ばれる「ゴールデン・ホース・アワード（金馬奨）」で18年から21年まで実行委員会主席を務め、過去に2回の審査委員長を務めるなど台湾の映画界にも大きく貢献しています。リー・アン監督の幅広い人脈のおかげで、「ゴールデン・ホース・アワード」に世界的な映画関係者らを招くことができているのは明らかで、外交的に孤立している台湾であっても、素晴らしい文化交流を継続することができているのです。

21年に実行委員会主席の任期を終えたリー監督は、台湾の中央通信社の取材に対して「これまで30年間毎年参加しているが、ゴールデン・ホース・アワードに参加するために台湾に来るのは、まるで家に帰るような感覚で、他の賞とは違う感覚だ」と語っています。

（参照：中央通信社『李安卸任金馬主席 承諾只要不拍片都會回家取暖』2021年11月27日）

アンケートでは、リー監督と共に、監督の妻で分子生物学者のリン・ジェーン（林惠嘉）氏の名前が挙がりました。

「リン・ジェーンさんの名前を先に挙げたいと思います。彼ら夫婦についての報道を見れば分かるように、夫婦が人生のパートナーになるのは簡単なことではありません。そして、一般に映画監督というと、頑固な人が多いように思いますが、リー・アン監督はちょっと違うようです」

米国で出会った当時、ジェーンさんはニューヨーク医科大学で待遇の良い研究職に就いており、リー監督はおよそ6年間、映画撮影の機会を探しながら家事をしたり、タクシーの運転手をしたりして、家計はジェーンさんが支えていたというのはよく知られている話です。

ジェーンさんは「リー・アンが映画監督でなかったとき、私はリン・ジェーンだったし、彼が映画監督になった後も、私は私です」と話すような独立した女性であり、一方のリー監督も、テレビ番組で司会者から結婚生活の秘訣について聞かれた際に「結婚生活において、どんなに多くの愛より、尊重に勝るものはないと思います。相手に対する敬意は、愛よりもずっと重要です」と語っています。

その他にもリー監督は、2000年に『グリーン・デスティニー』がゴールデン・ホース・アワードで最優秀監督賞を受賞とならなかったときに記者から感想を聞かれ、「早く家に帰って妻に叱られたいよ」とユーモアいっぱいに返したという一説や、13年に『ライフ・オブ・パイ　トラと漂流した227日』でアカデミー賞の4部門で受賞した際には、壇上で「私の妻はリン・ジェーンと言います。結婚して30年になりました、愛しているよ！」と高らかに叫ぶなど、愛妻家として知られています。

職場のEQとは少し話がそれますが、名声だけでなく心を大切にするという台湾人の一面が垣間見える例としてご紹介しました。

(参照:姊妹淘『結婚40年的幸福秘訣? 李安:「婚姻裡,愛不是最重要。」』2023年9月28日、明镜火拍『明鏡專訪李安夫人林惠嘉:沒有李安我可能過得更好』2019年10月18日)

▼タレントで司会者のツァイ・カンヨン氏

台湾のテレビ番組などで活躍する人気司会者のツァイ・カンヨン(蔡康永)さんも、EQが高いと評判の人物です。中華圏でとても有名なテレビ番組『康熙来了』(2004-16年)の司会を「小S」こと徐熙娣(シューシンディ)さんと2人で務め続けたことで、歯に衣着せぬストレートな物言いの小Sさんと、知的でEQの高いツァイさんの組み合わせが功を奏し、台湾を代表する司会者の1人と認知されるようになりました。

そんなツァイさんは18年冬に『蔡康永的情商課:為你自己活一次(拙訳:蔡康永のEQレッスン:一度は自分のために生きてみよう)』を出版し、19年の台湾版Amazonと呼ばれる博客來のオウンドメディアで、若者から選ばれた書籍・上半期ランキングの第2位に輝いています。（参考：青春博客來編輯室「2019上半年青春排行榜」2019年6月25日）

100万冊を突破する大ヒットを受け、1年後の19年10月には『蔡康永的情商課2：因為這是你的人生（拙訳：蔡康永のEQレッスン2：これはあなたの人生だから）』を出版したというツァイさん。

中華圏で累計700万部を突破したこのベストセラーシリーズは、23年11月に『私をやめたい。でも今日くらいは笑ってみる』（フォレスト出版）というタイトルで日本に上陸しています。

オンラインアンケートでは、「ツァイさんは、『EQが高いのは決して感情がないということではなく、ネガティブな感情と適切に向き合い、それを管理することのできる力だ』と話していました」というコメントが寄せられていました。

テレビ番組『康熙来了』では華やかな小Sさんに目が行きがちですが、そんな彼女が奔放なキャラクターを演じられるのも、そばでツァイさんが受け止めてくれるという信頼関係があってこそのようにも見て取れます。そうした意味でも、ツァイさんは高いＥＱを発揮する好例だと言えるでしょう。

自分の上司の例を挙げた意見も

アンケートでは、自分の上司や勤務先のオーナーを例に挙げる回答も多く見られました。一部ご紹介します。

「私の直属の上司はＥＱが高い人です。私の仕事は複雑で、忍耐力と慎重さが求められますが、上司はたとえ部下がミスをしても、むやみに怒ったりすることはありません。10年間一緒に働いていますが、上司が人の悪口を言うのを見たことがありません。素晴らしい教養とＥＱを持っている方だと思います」

「私の上司は理不尽な顧客に遭遇しても、口論したり部下を人前で叱ったりせず（これはとても重要です！）、自分の原則を貫きながら解決します」

「私の上司は、緊急事態や理不尽な要求にあっても、まず微笑んで相手の感情を落ち着かせてから根本的な問題の所在を探し出し、スムーズに解決することができます」

「前の会社の工場長は、同僚たちがミスを犯しても、友好的かつ効率的に処理できる人でした」

「私の上司は、批判や疑惑を受けても個人的な感情を伴わず、具体的に自分の考えを説明できる人です」

「うちのオーナーは、仕事に対する価値観の違いで衝突しても、翌日には落ち着いて話し合うことができます」

「うちのオーナーはスタッフみんなの意見を上手に聞くことができます。たとえ自分の意見と違っていても、怒ったり否定したりしません」

低EQな人物像

オンラインアンケートでは、低EQな人物像についても質問を投げかけました。低EQな人物については実名を伏せながら、台湾の人々がどのような言動に対してEQが低いと考えるのか、一緒に見ていけたらと思います。

「立法院(日本の国会に相当)で感情に任せて手を上げ、ケンカする政治家たち」

台湾の立法院にはさまざまな政治家がいます。ヘビメタバンドのボーカル、コスプレを趣味にする議員など、個性豊かです。また、一部の議員はまるでパフォーマンスのように相手を罵り、つかみかかるような言動を見せることで、国民に自分が仕事をしていることをアピールすることがあります。昔はそれが新聞の見出しになるなどして目立ったのかもしれませんが、インターネットで国会が中継される今の時代、逆効果になっている節があります。

「（ある企業の創業者について）感情や思考が先走り過ぎて、語彙力や口調、ボディランゲージといった表現力が追いつかず、見ている人を不快にさせる」

「台湾の政治家たちの中には、他人に対する共感力が低く、辛辣な物言いをする人がいて、ＥＱの低さを感じます」

「（ある政治家について）配慮を欠いた率直過ぎる発言がしばしば炎上しており、ＥＱの欠如を感じさせます」

「（ある政治家について）何か問題が起こると永遠に他人のせいにする」

「(ある政治家について)私は10年前から彼のことを観察していますが、政治や社会の問題を指摘するたび、口では解決すると言いながら、実際には何もしていません。結局のところ、それらが自分自身の問題であると捉えていないように見えます。自分のIQの高さをひけらかすのが好きですが、怒りやすく、政策も他人を考慮せずに決めてしまうので、かなりEQが低いと思います」

「些細なことでもすぐに腹を立て、その感情が表に出てしまう人」

「(ある政治家について)他の議員と意見が違うとすぐに顔に出し、怒ってテーブルを叩くような行動が見られました」

「（ある大企業の経営者について）非常に高いＩＱとビジネスの成功体験がありますが、公の場での発言はさまざまな物議を醸しており、感情のコントロールと社会的な交流を強化する必要があります」

「（ある芸能人について）事件を起こしたとき、感情を制御できず、他人の情報を暴露してしまいました。謙虚に反省して心からの謝罪をすべきところでしたが、自分の罪を少しでも減らしたいと、周囲をトラブルに巻き込む行為は、ＥＱが働いていなかったように思えます」

「すぐにイライラしたり、他人に影響されたりして、興奮したり、ネガティブな感情を周囲にもたらすような人。私は一緒にいてとてもストレスを感じます」

「私が働いている店には、問題のあるスタッフがいます。コミュニケーションのスキルが低いので、面倒な客だと感じると態度を悪くして相手を怒らせてしまいます。客のほうも一度気分を悪くすると『見下されている』『上げた拳を収められない』といった気持ちになり、応酬が始まってしまいます。個人的に、こうした対立は人生にとって無意味な消耗でしかないように感じます」

「インターネット上で議論する際、よく話もしていないのにすぐ怒るネット民が非常に多いです。私にとってロジックとデータこそが話し合いの基礎であり、自分の感情をぶつけて相手を罵倒することは、EQの低い振る↖

↙ 舞いだと思います」

「他人が自分の期待に応えられないと怒りを感じ、他人を責め始めるような人」

「普段は感情を抑えているつもりでも、うまく発散させることができず、いつか爆発してしまうのは、EQが低い表れです」

「私のクライアントは、感情的に張り詰めた態度で物事を処理する傾向があります。打ち合わせの際に彼が気に入らない話題に入ると、高く大きな声で高圧的になり、私を降参させようとします。私は彼が冷静にゆっくり話せるよう導き、リラックスした会話になるよう調整しなければなりません」

▼上司の低EQを感じるのはこんなとき

「私の上司は感情的にプロジェクトの承認を判断したり、部下に接したりする、EQが低い人物です。部下が食事会やカラオケパーティーといったイベントに参加しないのは、会社に対する向上心がないからだと決めつけてきます」

「前の上司はEQが低く、追い詰められるとスタッフをプレッシャーで脅してきました」

「短気でせっかち。自分の感情でチームの雰囲気に影響を与える上司」

「過去一緒に仕事をしたマネジャーは、自分が言葉やロジックで説明できない議題があると、『これはそういうものだ』などとごまかし、どんな小さな間違いも認めずに自分ばかり擁護する人でした。同僚たちは皆、マネジャーの間違いを責めたいのではなく、原因を明らかにして解決したいだけです。こうした管理職の下で働いていたときには、私にも多くのトラブルがもたらされました」

「会社で準備していたイベントに問題が見つかったとき、上司は他人を疑い始め、自分が他人から笑われるのではないかと気が気でなくなり、問題解決に集中できなくなっていました。そんな状態で事を進めても、チームメンバーのプレッシャーが増えるだけで、何も良いことはありません」

「これまで出会った中で最もEQが低かった社長は、コミュニケーションの中でいつも相手に客観性を欠いたレッテルを貼り、『あの人はこういう人』という独断認識を他のスタッフにも強要し、社員たちを精神的に疲弊させていました。ただ、当の本人に『換位思考』という概念がないので、自分自身ではそれに気付くことができていません」

▼自分自身のEQの低さに向き合う人も

「EQが低い人物、それはまさに私です。仕事で接客をするとき、次々にたくさんのお客さまに対応しなければならず、焦ったり、口調が悪くなったり、無関心な態度を取ってしまうことがあります。こうした態度ではお客さまを不快にさせるでしょうし、自分でも後悔しています。今は、どのように考えれば自分の感情をコントロールできるかを練習しているところです。お手本にしたい人たちはどのように接客しているかを想像したり、過去に遭遇した状況をどうしたらより良くできたのか内省したりしています」

この章では、台湾で「高EQ」「低EQ」とされる人物像についてご紹介しました。どんな言動が高EQ、または低EQとされているのか、旅行に行くだけではなかなか分からない台湾人の心の内が、垣間見えるのではないでしょうか？　日本とはまた違った文化の台湾ですが、所々に参考にできることがありそうです。

第3章

ジル・チャン氏に教わる、高EQ戦略

実践編

ジル・チャン氏に教わる、高EQ戦略

実践編

壁にぶつかったとき、EQの高い人ならどのように考え、問題に向き合うのでしょうか。ここでは実践編として、日本の職場で管理職（特に女性）がよく遭遇しがちなお悩みにジル・チャンさんならどうするのか、答えていただきました。

「日本で女性が管理職に就くことも、就いた後も大変だと聞いています。皆さんが大変な思いをしているのですから、できるだけ力になりたいです」とジルさん。

台湾流のEQを発揮して、難しい困難に対処できますように。

①周囲からの期待に対する悩み

「社内では数少ない女性の管理職に昇進しました。周囲からみんなのロールモデルになることを期待されていて苦しいです。好きだった仕事もプレッシャーで楽しくなくなってきました。どう振る舞えばいいのでしょうか」


【ジル・チャン】　苦しんでいるのですね。でも、それはあなたのせいではありません。

マイノリティーになって苦しむのは全く自然なことだと思います。

私自身も若いころに米国のスポーツ業界で働いていて、周囲が身体の大きな40〜70歳の白人男性ばかりだったので、いつもプレッシャーを感じていました。「あぁ、私はどうしてここにいるんだろう。いつも皆と同じように物事をこなすことができない」と落ち込んでいたのです。それを周囲に見られていること自体も私を追い込みました。

でも、時間が経過するうちに、この現象が当たり前だと思うようになりました。**私の人種や性別、年齢といった要素が他の皆と違うのは、私の能力とは何の関係もありません。**人と違うのですから、できることが違うのも当然ですよね。そう考えると、相手から与えられていると感じていたプレッシャーを受け取ることから卒業することができました。

それに、「昇進した」ということはあなたに強みがあることが客観的に判断されたということでもありますよね。私自身が管理職としてスタッフを昇進させるときも、「この人が管理職になれば、自分も助かるな」と思う相手を選びますよ。昇進したばかりだとなかなか慣れないことばかりかもしれませんが、もし私だったら、自分自身の強みが何であるかをできるだけ客観的に分析してみます。

そうした自己分析をした上で、できることなら直属の上司に相談できると良いですよね。

自分自身の現状を伝えて、そんな状況でも上司が自分に期待している成果を具体的な数字で教えてもらいます。数字がつかない仕事でも、どういう役割が求められているのかを、できるだけ性別といった要因に関係なく、具体的にする作業を見つけ出してコンセンサスを得ることが大切です。

そして、もう一つ大事なのは、**その作業を〝上司にやってもらう〟のではなく、〝あなた自身が見つけ出すことを、上司に手伝ってもらう〟ということ**です。

「こういう仕事は苦手なのですが、挑戦してみたいと思っています。練習しながらになるとは思いますが、ぜひやらせてください」など、正直に打ち明けながら上司と一緒に確認することで、実際にあなたが職務に当たる際、上司はきっと見ていてくれると思います。周囲があなたに期待していることと、あなたの直属の上司があなたに期待していることが異なるといったことは非常によくあります。あなたは本当に貢献すべき相手を見極め、その相手を満足させれば良いのではないでしょうか。

好きだった仕事が楽しくなくなってしまうのも苦しいですね。それはどうしてだと思いますか？　管理職になった後に増えたどのような仕事が楽しさに蓋をしてしまったのでしょうか。もしくはこれまでは担当できていた何らかの仕事ができなくなったからでしょうか。または、管理職であること自体がストレスなのでしょうか。

自分のモチベーションに影響をもたらしているのが職場環境なのか、仕事自体なのか、自分自身の内面を深掘りして原因を探れば、仕事の分担バランスを調整するなどして、自分にとって面白い仕事に携わる機会を増やすことができるかもしれません。もしくは、管理職の仕事の中に楽しいと思える要素を見つけられるかもしれません。

それに、あなたがそうして我慢を続けることは、会社や組織にとって決してプラスとはいえません。あなたがいつか爆発して離職するようなことがあっては大打撃です。**あなたがストレスを抱えたまま明かさないことは、上司にとっては大きなリスクにもなります。**あなたのサポートをすることは上司の責務であり、そのためにも対話を必要としているはずです。そう考えれば、少し話してみようと思えるでしょうか？

もし、あなたに「女性たちのロールモデルとなってほしい」と上司が期待している場合も同様です。あなたと上司の期待値をすり合わせることが必要なのです。「女性代表のように期待されるのが苦しい」のであれば、どんなパターンのロールモデルならこなすことができるか上司に相談してみてはいかがでしょう。あなたは一人のメンバーとして、どんな人のロールモデルになることができるでしょう？　プレイヤーや専門職から管理職になった人、遅咲きの人、そもそも管理職を目指していなかった人……さまざまなパターンが存在しますよね。すべての女性のロールモデルは無理でも、こうした提案で上司が**「女性だけに限らず、さらに多くの人をエンカレッジすることができるようになるかもしれない」**と思ってくれたら、きっとあなたにとって良き味方になってくれることでしょう。

② 上司とのコミュニケーションについての悩み

「働き盛りの今、子育てがちょっと手を離れてきたと思った瞬間、親の介護が始まりそうです。

プライベートでも頭と身体がパンクしそうなのに、会社で目上の人たち（主に男性で、家庭のことは妻に任せきり）から仕事や家庭の愚痴を聞かされると、精神的な余裕がなくて思わず『いいかげんにしてください！』と説教を始めそうになります。

この人相手に真面目に説教しても、意味がないですよね？」

【近藤】　家事や育児、介護などは女性に負担が偏りがちで、仕事との両立にフル回転という女性は多いですよね。

ＯＥＣＤ（経済協力開発機構）が２０２０年にまとめた生活時間の国際比較（15〜64歳の男女を対象）では、日本は女性の無償労働（家庭内での家事や社会的活動といった家計の構成員や他人に対して行う対価を要求しない労働＝家事、介護・看護、育児、買物、ボランティア活動など）時間が男性の5・5倍も長いというデータがあり、これは国際比較の中でも最悪です。この国際比較では日本では女性の睡眠時間が異様に短く、しかもその大部分が働く女性であるということも明らかにされました。（出典：内閣府男女共同参画局　コラム1「生活時間の国際比較」）

【ジル・チャン】　私の周囲にも、子育てと親の介護が一時的に重なってすごく大変な思いをしている友人たちがいます。本当にお疲れさまです。ご自分のことも労（いたわ）ってあげてくださいね。

あなたの事情を一切考慮せず、ただただ自分の愚痴を続ける年長者にどう対処するのがよいでしょう。

もし私だったら、「本当に大変ですね。あなたのご苦労、とてもよく分かります。

私の友人もかなりひどい状況で……」と言いながら、自分の話をまるで他人事のように語り始めます。そして最後に、実はその友人が自分自身だということを明かします。

こうした年長者の男性に足りないのは、台湾華語で言うところの「**換位思考**」でしょう。日本語や英語では「エンパシー（Ｅｍｐａｔｈｙ）」と表記されると思いますが、「位子（席、あるいは立場）」を換えて思考する、つまり**相手の立場に立って物事を見たり考えること**ですね。

あなたの現状を話した相手が、あなたの立場を理解してくれるかどうかは分かりません。**それはあなたの問題ではなくて、相手の問題です。ですが少なくとも、一方通行ではないコミュニケーションがそこに生まれる可能性はある**はずですよね。

日本のある大企業で、管理職のほとんどが男性であることを指摘された時、とっさに出た人事担当者の答えが「女性たちが管理職になりたがらないから」だったそうです。彼らは女性たちから「そんな責任のある仕事は自分には無理です」と言われて、「あぁ、女性は責任やプレッシャーのある仕事が嫌いなんだな」と思ったのだそうですが、果たして物事はそんなに単純なのでしょうか？

もしかしたら、管理職になると毎日長時間労働で、たくさんの残業や出張を求められることに対して、女性たちは何か家庭や子どもの世話といった事情で対応が難しいと思っているのかもしれません。でも、女性たちが管理職になりたがらない理由を一人ずつ対話してみないと、その背景にどんな事情があるのか分かりませんよね。事情が分かれば、対処法が見つけられるかもしれません。

今は世界中でジェンダーバランスや多様性が重視される時代ですから、どんな企業であっても、遅かれ早かれその方向に向かって進んでいくことになるでしょう。

これは男性だけに限らないことだと思いますが、年長者や管理職のポジションにいる人が「換位思考」をできるかどうかは、会社や組織にとって非常に重要な要素だと思います。説教はしなくていいと思いますが、自分が相手に「換位思考」の練習をさせてあげるような感覚でコミュニケーションされてみてはいかがでしょうか。

③ 立場の違う同僚に対する悩み❶

「私は結婚も出産もせず、働くことを選択してきました。それなりのキャリアもポジションも築けてきたと思いますが、子どもを出産して産休や育休を取得する女性の同僚たちの影響で、30歳以降は夏季休暇やお正月休みなどのまとまった休みが取れたことがありません。

最初の頃は『女性同士支え合おう』と頑張っていましたが、自分の欲しいものをモノにしながらきっちり出世していく女性の同僚たちを見ていると、私の犠牲にした時間は取り戻せないんだなと思うこともあります。転職したほうがいいのでしょうか？　もしくは、

『自己を犠牲にした』と感じずにいられる、気持ちの切り替え方はありますか？」

【近藤】 EQの高い人は自分の意見や思いも伝えることができると同時に、相手の意見や立場も尊重できるといいます。しかし、多くの人は自分のことは後回しにしてしまうということがあるのではないでしょうか。

【ジル・チャン】 この人は思いやりの心をお持ちの方ですね。本当に、善良で素晴らしい人です。でも忘れないでいただきたいのですが、あなた自身も休暇が必要なのですよ。

もし、育児中の方々が夏休みやお正月に休みを取る必要があって、そこであなたが休まず働くのだとしたら、あなたはその方々とは違う時期に休暇を取るべきです。そこは一方通行ではなく、双方向であるべきです。

あなたは優しい人ですから、言い出しにくいのかもしれません。そんな時は、「親戚が病気で手伝いが必要だ」とか、「子どものように可愛がっている親友の子どもに会いに行く」とか、理由を探して休みましょう。やりたかったことを学びを始めて「大学院に行くことにした」というようなことでもいいかもしれません。**少しずつでいいので、自分の権利を取り戻す練習をしてみてください。**

もう一つのおすすめは、人生の目標をプレビューしてみることです。私の知り合いの職業訓練の先生が「50 Dream 人生における50個の夢」という活動を始めたんですね。それは、自分が人生で叶えたいと思う夢を書き出してみるというイベントで、多くの台湾人たちが参加しています。私は今年の新年にやってみましたが、書き出すのは意外と難しく、とても面白い体験でした。

書き出す過程で、常々行ってみたいと思っていた日本のとある場所が近いうちに取り壊されてしまう予定だと知り、「自分がやりたいと思っていることは、できるだけ早いうちに計画するに越したことはない」と実感しました。

計画に手を付けるのが遅くなればなるほど、さまざまなハードルが出現して実現可能性が低くなると思うのです。そんなわけで、あなたもぜひ試してみませんか？　きっと、仕事以外にも自分がやってみたいことがたくさん出てくるはずです。

「自己を犠牲にした」と感じないための気持ちの切り替え方については、まずは「自分のことを最優先にする」「自分の身は自分で守る」といった心構えを確立する必要があるように思います。自分自身を守ることができるのは、あなただけなのですから、そのことを明確に知っておくべきです。いったん「自分を犠牲にする」という選択肢を用意してしまうと、その後は無自覚のうちに、我慢できなくなるまで際限なく犠牲を払うことになってしまうでしょう。

最後に、「転職したほうがいいのでしょうか？」という質問ですが、**ネガティブな理由で転職しても、転職した先で同じような状況になる可能性があることを、賢いあなたならきっとお分かりのはずです。**私が思うのは、あなたはキャリアやポジションですでに一定のレベルに達しているのですから、あなたはとても自由であるということです。人生のさまざまな選択をじっくり考えてみてくださいね。健闘を祈ります。

④ 立場の違う同僚に対する悩み❷

「社内でジェンダー平等が推進されており、女性の管理職を増やすという方針が取られるようになりました。部長に昇進したところ、男性の同期の同僚から「女性は特別扱いされていいよな」などと言われ、受け答えに困ります。おそらく男性側も頭では良いことだとは分かっているのでしょうが、モチベーションが下がるのでしょう。こんな時はどのように返事したらいいのでしょうか？」

【近藤】 女性が男性と同じように機会を得て能力を発揮するのは、企業にとっても社会にとってもプラスになるはずです。ところが企業が女性活躍を推進しようとすると、「自分たちの席を奪われる」という焦りから男性の抵抗にあうということは多いようですね。直接的にこんな言葉を投げかけられたら、ジル・チャンさんならどう答えますか？

【ジル・チャン】　そうですね、私だったら冗談半分な感じで「**私もちょうど男性をうらやましいと思っていたの！　私たちちょっと立場を交換してみない？**　私も仕事終わりに家庭を気にせず飲みに行ったり、翌日は早く起きてお化粧をしなくてもよかったり、喫煙室で有益な情報を得たりしてみたい」と言ってみます。もちろんこの例はあくまで物の例えですが、その同期の男性とあなたの立場を交換してみたらどうなるかを想像してみることを持ちかけるのです。

私が学生だった頃、台湾には「大學聯合招生考試（通称：聯考）」という統一テストが存在しました。今はその制度はありませんが、当時この制度下では、テストの点数1点1点が非常に大切でした。自分と同じ点数の学生が台湾中にいるわけで、そのわずか1点の差で入学することのできる大学や学部が変わってしまうのです。

でも、当時の聯考では「台湾原住民族(台湾における先住民のこと)」や、身体障害のある人など、何かしらの条件を満たす人は、それだけで点数を加算されたり、枠を保証されるといった優遇制度がありました(現在の入試にもこの制度は存在しており、身体に障害を抱える方は25%の加点が認められています)。この差はとても大きいですよね。

当時の私は、母に「私たちは1点を取るためにとても苦労しているのに、生まれながらにして指が一本少ないと加点してもらえるなんて、こんなの不公平だ!」と言ったことがありました(今になって振り返ると、当時の自分は極端な物の見方をしていたと思います)。

今でもはっきり覚えているのは、その時に母が「じゃあ、彼らとあなたの人生を交換してみる?」と答えたことです。私ははっとして、「やっぱりいい」と答えました。もともとは指が一本欠けても生活に大きな支障はなく、それだけで点数が人より25%も多くもらえるのだと思っていましたが、母の問いを受けて考えてみると、指が一本少ないことで生活の多くのシーンで不便なことがあるのかもしれないと気が付きました。そう考えると統一テストは人生の小さな一部分でしかなく、マイノリティーの方々のさまざまな不利益と比べられるようなものではないと思い、自分は自分の人生を生きようと思ったのです。

前述した「換位思考」につながるのですが、たとえ同じ時代を生きてきた同僚であっても、生理的な女性がどのような暮らしを生きているのか、生理的男性には見えていない部分もあるのです。**同じように、あなたの目に映る彼ら男性の暮らしも、すべて見えているわけではないことを忘れないでくださいね。だからこそ対話が大切になると私は思います。**

この男性同僚は、女性が管理職に就くことに対してどのようなハードルがあるのか見えていないのかもしれません。それを知らず、ただ制度に対して不公平を唱える人は台湾にも存在します。この手のタイプの人とコミュニケーションする際には、母が若い頃の私に取った方法がとても効果的だと思います。もしかすると彼は同じ能力や経歴を持っていても、ジェンダーが違うだけで女性側がこれほどの負担を背負わなければならないということに、初めて考えを及ぼすことができるかもしれません。

⑤ 受け身な部下に対する悩み

「部下はいつも受け身で、言われた仕事しかせず、なかなか主体的に仕事しようとしません。私とは価値観も違うでしょうし、説教してもうざったく感じられるだけで聞き入れてもらうことはできないでしょうが、何か打開策はありますか？

目標設定の仕方に問題があるのでしょうか……」

【ジル・チャン】　興味深い質問ですね。私だったら部下がなぜ受け身になっているのか、では逆に何になら積極的になれるのか、そのヒントを探します。あなたが言うところの「私とは価値観が違う」という点をもっと知るということですね。

最近、私が先輩から聞いた例をシェアしましょう。先輩は女性管理職で、最近までグローバル企業の台湾ゼネラルマネジャーでした。彼女は部下のエンジニアの中に、いつもパフォーマンスが優れないスタッフがいることに気付きました。そのエンジニアは在籍年数も長く、以前は良いパフォーマンスを発揮していたのですが、最近ではどんどん消極的になっていました。

そのエンジニアの直属の上司も状況を良くしたいと思ってはいましたが、パフォーマンスは悪くても一応仕事はしてくれているため抜本的な改善が難しく、もどかしく思っていました。

ゼネラルマネジャーの彼女は、直接そのエンジニアと面談することにしました。そこで相手の今の生活や家庭の状況、これからのキャリアについて話しました。すると、そのエンジニアは将来お金を貯めて自分の民宿を開きたいと考えていることが分かりました。今は仕事以外の時間を使って民宿を開くためのリサーチをしているので、会社での仕事は単なるお金稼ぎの手段になっていたのです。今のエンジニアにとって熱心に打ち込む対象は民宿を開く準備で、会社での仕事は退屈なものになっていました。パフォーマンスが上がらないのは当然です。

そこでゼネラルマネジャーはエンジニアに対し、パートタイムの契約に切り替える提案をしました。これならエンジニアは民宿を開くための準備資金を稼ぐことができるし、パフォーマンスの向上を求められることはなく、時間当たりに期待される仕事だけをこなしてさえくれれば、会社側としても問題ありません。もちろん正規雇用よりも稼げる金額は減りますが、時間的な柔軟性は飛躍的に高まり、仕事以外の時間を民宿の設立準備に充てることができ、より自由度が高まります。それから数年後、そのエンジニアは本当に離職して民宿を開くことができ、経営もとてもうまくいっているそうです。

先輩は私にこの話をしながら、**多くの人はスタッフが消極的で受け身であることばかりに目がいくけれど、まずはそのスタッフの生活やその他の側面をできるだけ理解することもできる**と教えてくれました。なぜ仕事に熱心でないのか、その背景にあるものは何なのか。仕事自体が好きではないのか、仕事環境か、制度か、どんなものがそのスタッフを不快にしているのかといったことです。

　そういう意味では、目標設定の仕方に問題があるのかもしれません。あなたが管理職として達成したいと思っている目標に対する部下側の事情を探ってみることをおすすめします。部下は「この状況は自分では解決できない」と思い、苦しんでいるかもしれません。その状態では仕事でパフォーマンスを発揮するのは困難です。部下が望んでいるのは給与といった待遇だけに限りません。やりがいやスキルアップ、将来の目標など自分の部下にどんなニーズがあるのかを知り、できる範囲でサポートしてあげましょう。それはきっとあなた自身の仕事にも返ってくるはずです。

⑥ 文句が多く働かない年上の部下に対する悩み

「年上の部下とのコミュニケーションが難しい。文句が多く、なかなか動いてくれません。チーム全体にも悪い影響を与えそうで困っています」

【ジル・チャン】 年上の部下を持つことは、私たち台湾や日本といった東アジアではまだそこまで多くないかもしれませんが、私が以前働いていた米国では非常によくあることです。

私が思うのは、成果主義の米国において、管理職の主な仕事はチームの目標を達成させることであり、チームメンバーは目標を中心に動くため、コミュニケーションにおいて部下の年齢や社歴はあまり重視されないということです。

ここで管理職にとって重要なのは、目標を達成するためにはチームメンバー全員が協力する必要があるということですよね。年上の部下があなたの話を聞いてくれないのは困ります。こういう場合に私たちがよく採用するのが「硬軟両用（Carrot and stick motivation）」という戦略です。日本語だと「飴とムチ」と呼ばれたりするようですね。具体的には、相手を賞賛し、励ます「軟」のアプローチを行いながら、実際の監督者が自分であることを相手に理解してもらう「硬」の動きも怠らないといったことです。

より具体的に言うと、まずは客観的で数値的な目標を伝え、その達成のために相手に何をしてほしいかという期待値を伝えます。その後は常にこの時にコンセンサスを得た目標値を使ってコミュニケーションしましょう。

そして、もし相手があなたの話を聞いてくれない場合、米国であれば、「私はあなたの上司である」と伝えることが多いように思います。そして、「私のことを好きにならなくても構いません。私はあなたよりも年齢が若く、経験が足りないというのは事実です。ですが、あなたの経験はチームにとってとても重要です。あなたの経験で私たちのチームの目標達成を助けてほしいと思っています」と正直に伝えます。

それでもまだ相手がチームの目標達成に協力的にならないのであれば、私たちは他の人に助けてもらうほかないと伝えます。この言葉の意味は、〝私には、あなたがこのチームや会社を去る決断をする権利がある〟ということを指しています。もちろんこの話をするタイミングは一番最後、これ以上どうしようもない状況になった時のことですが。

最初はまず目標設定から開始して、同時に年上の部下が気にしていることを探してみましょう。

「あなたの素晴らしい仕事ぶりは他の人からよく聞いていましたよ」と伝えた上で、最近自分が相手の仕事ぶりに対して感じていることを話していくのもよいでしょう。おそらく相手は「若い人の話は聞きたくない」と直接口にすることはないかもしれませんが、それでも対話の中で、相手が何を気にしているのか、引っかかっているポイントがどこにあるのか、何かしらのヒントをつかむことはできるはずです。

相手が「もっと尊敬されたい」と思っているのであれば、会議などの場面で相手の過去の仕事ぶりを紹介してもいいかもしれませんし、皆から尊敬されることを示す呼び方を発案してもいいでしょう。

相手が気にしているのが給与や肩書であれば、可能な範囲内で工夫してみましょう。毎月の給与を調整するのは難しくても、目標達成時にチームに一律で配られるボーナスを設定できるよう動いてみることはできるかもしれません。肩書に関しても正式な名刺上のものではなく、「我がチームのコンサルタント」などといったように自分たちのチーム内の文化として反映させることもできるはずです。うまくいくことを願っています。

筆者からの相談

【近藤】 ジルさんのお話を聞いていると、「上司や部下との対話」といったコミュニケーションの重要さを何度も説かれていたように思います。

もしかしたらこれは日本と台湾といった海外との文化の差なのかもしれませんが、私が会社勤めで中間管理職だった頃、私の上司は「自分やチームの問題は自分で解決して、こっちに迷惑を持ち込まないでくれ」という考え方でした。「それが中間管理職の仕事で、そのために高い給与を払ってるんだ」と言われ、誰にも相談できずに困っていたことがあります。

上司に相談できたとしても、おいしい食事やお酒をごちそうしてくれて、「色々あるけど、なんとかしばらく頑張って！」という感じで済まされ、解決に何も役立たないようなことがよくありました。むしろ肝心の上司は「部下の愚痴を聞いてあげた俺は偉い」といった感じで、上司とコミュニケーションを取るのは難しいなと感じました。

【ジル・チャン】 本当ですか？　それは困りましたね。上司の仕事は部下の仕事がしやすいようにサポートすることなはずですが、あなたの直属の上司の仕事は何なのかと思ってしまいます。それではまるであなたが上司の職務を代行しているような状態ですよね。

では、何かしら上に掛け合いたいことがある時、日本ではどのような方法が取られるのでしょう。それとも、上司に対しては何も言えず、ただただ従うしかないのでしょうか。

――愚痴の多い人だと思われないように、ある程度の結果を残してからでないと掛け合えないような雰囲気はある気がします。そしてあくまで私の経験ですが、食事の席でも、多くの場合は上司の話（これからやりたいこと、会社側の事情）を一方的に聞かされて、そのために協力してくれと言われるケースが多いです。

なるほど。従順な部下であることが求められるのであれば、部下側から言い出すのは難しいのかもしれませんね。

――それでもなんとか上司に相談した時には、「他のスタッフの誰々さんは君と同じ幹部候補だけど、彼女が弱音を吐くのは見たことがないよ」と言われたことがあります。「この上司はそうやって人と人を比較して競争させることで結果を出そうとする人なんだな」と感じて、一気に気持ちが冷めました。やり手の上司だと、私にとっての競争相手を食事の席に同席させたりして、私から交渉を言い出しにくい環境を意図的につくったりもします。競争が好きなタイプならいいですが、私自身は他人との競争や食事の場が苦手なので、どうにかそこから脱却したいと思っていました。

【ジル・チャン】 職場にライバルがいるのは世界共通ですね。台湾でもスタッフ間での競争はよくあります。

もし私だったら、その食事の席ではライバルよりいい反応ができるように努力しますが、どうにかそういった食事の場以外の場所で自分の能力を上司に知ってもらえるよう努力するのも一つの方法です。

上司が一方的に話をするのを聞くだけではなく、自分が得意で、話していても快適な別の話題で自己アピールできるといいですよね。もし上司が自分の話よりもその新しい話題に興味を示してくれたらしめたものです。前述した「換位思考」をできるように導きながら、上司にあなたの目標達成に力を貸してもらえるようコミュニケーションを図ってみてはどうでしょうか。

――それはとてもいいアイデアですね。機会があったら試してみます！

第4章

「台湾式EQ」チェックシート

「台湾式EQ」チェックシート

EQとは、本来は測定不能である

１９９８年に講談社から出版された日本語翻訳版の『ＥＱ　こころの知能指数』訳者あとがきでは、訳者の土屋京子さんが、当時の日本でＥＱという概念が熱烈に受け入れられた様子について言及されています。

日本語訳の出版を歓迎してくれたのは日本のビジネス界で、企業の人材研修プログラムに早速ＥＱが導入され、「社会に出て成功するのに必要な能力は　ＩＱが二割、ＥＱが八割」というゴールマン氏の説が受け入れられたのだと述べています。また、「『ＩＱ至上主義ではダメだ、ＥＱをしっかり教えないと将来たいへんなことになる』という著者の呼びかけが、荒れる子どもたちに接して心の教育の重要性を痛感している学校関係者や父兄のあいだでも、深い悩みに一条の光を投じる提案として真剣に受け止められた」と、教育業界にも広がっていった当時の様子が報告されています。

そして、「メディアも、日本人の価値観が変わろうとしている流れを敏感にとらえた。『EQ〜』と銘打った類似本が多数登場し、雑誌はこぞってEQ値の自己診断テストを載せた（本来、EQは測定不能な概念なのであるが）」と、EQを値で測るタイプの自己診断テストは、もともとその概念を提唱したゴールマン氏の本意ではないという点を強調されていました。

EQを構成する5つの要素

『EQ こころの知能指数』は著者が心理学者ということもあり、専門的で豊富な内容が魅力の素晴らしい本です。

ゴールマン氏は同書で「今までこの本が書けなかったのは、科学的なデータが不十分だったからだ。それは主として、精神活動における情動の地位が研究者のあいだで不当に軽視され、心理学の中で情動の領域だけが暗黒大陸のように未開のまま放置されてきたからだ」「この本で、私は情動について科学的に解明された事実を読者のみなさんに紹介し、私たち自身や周囲の世界をときとして混乱に陥れる不可解な場面をもっとよく理解するための案内役をつとめたいと思う」と述べています。

今から30年近く前、まだインターネットも普及していなかった時代に、ゴールマン氏は大人の読者たちに向けて、そして子どもたちの教育の場でも、自分自身に湧き起こる感情の動き「情動」の取り扱いを心得ることの大切さを解いてくれました。

同書の「第十五章　情動教育のかたち」では、情動教育の現場において客観的な評価をするための5つの要素が紹介されています。

1 情動の自己認識 Self-awareness

- 自分の感情を認識し名称を与えることができる。
- 感情の原因をよく理解できる。
- 感情と行動のちがいを認識できる。

2 情動の管理 Self-regulation

- 欲求の挫折を受け入れ、怒りをコントロールできる。
- 口論、殴り合い、授業妨害が少なくなる。
- 怒りを腕力に訴えることなく適切に表現できる。
- 停学や退学処分が減る。
- 攻撃的・自滅的行動が減る。
- 自分自身や学校や家庭を肯定的に受けとめる。

- ストレスを適切に処理できる。
- 淋しさや社会的不安が減る。

3 情動の建設的活用 Motivation

- 責任感が向上する。
- 目の前の課題に集中できる。
- 衝動が減り、自制心が働く。
- 学力テストの成績が上がる。

4 共感―情動の読みとり Empathy

- 他人の立場に立って見ることができる。
- 他人の感情を敏感に受けとめ共鳴できる。

●他人の話をよく聞ける。

5 人間関係の処理 Social Skill

●人間関係を分析し理解できる。
●紛争を解決し意見の相違をまとめられる。
●人間関係のトラブルを解決できる。
●自分の意見をはっきりと効果的に主張できる。
●他人に好かれ、社交性がある。友だちと仲良くできる。
●友だちに人気がある。
●思いやりがあり思慮深い。
●社会に対して肯定的でグループの和を乱さない。
●他人と共有し、協力し、助け合える。
●他人との接し方が民主的である。

これらはあくまで教育の現場での指標ですが、ビジネスの場に当てはめるとどうなるでしょう。当時から企業が人材採用や育成の際に役立てようと独自で開発したEQ診断テストなどは存在するのですが、EQとは本来は測定不能なものです。

ただ、「台湾式EQ」などという、私たちにとって未知で曖昧な概念への理解を深めるため、自分自身の強みや弱みを把握するために、本章ではジル・チャンさんの知恵をお借りしながら、改めてチェックシートの作成に挑戦してみたいと思います。

ジルさんと考える

私とジルさんは、30年近く前にゴールマン氏が案内してくれた心理学の世界を共に訪れ、「インターネットが普及した今、台湾人視点で見るEQの世界」について、ひもといてみたいと思っています。

【近藤】（以下省略）　台湾はEQを重視する社会ですが、私が育った日本にはそこまでEQが浸透しているわけではないので、本書の中に「台湾式EQ」を日本の読者がより理解しやすくなる「台湾式EQチェックシート」を用意したいと思っているんです。

30年近く前にゴールマン氏が出版された『EQ こころの知能指数』には、「情動の自己認識　Self - awareness」「情動の管理　Self - regulation」「情動の建設的活用 Motivation」「共感ー情動の読み取り　Empathy」「人間関係の処理　Social Skill」という5つの要素が紹介されていました。私たちもそれをもとに「台湾式EQチェックシート」を作ってみようと、ジルさんと一緒に考えましたね。（192ページ参照）まずはそのプロセスを振り返ってみたいと思います。

まず、「感情的になった状況で、自分を落ち着かせ、冷静になる方法を知っているか？」という点。これは特にネガティブな感情のコントロールにとって非常に重要だと思いますが、ジルさんは上手にできていますか。

【ジル・チャン】（以下省略）「そうですね、自分が冷静になるための方法はそれなりに持つことができています。ただ、辛いことがあったり傷付いたりしたとき、フラットな状態に戻るのに3〜4時間ほどかかってしまうので、もっと速く、1時間くらいで戻れるようになりたいと思っています。それと、今は睡眠などの方法で元に戻していますが、ちょっと考え方を切り替えるといった、より簡単な方法を実践できるようになりたいですね。これは今も練習中です」

ジルさんも意識的に練習しているのですね。自分の感情が反応しやすい箇所を知っておくというのも良さそうですね。私にも「この部分を突かれると弱い」というポイントがあって、自分自身に「大丈夫、大丈夫、あなたはここが弱いだけで、実際には大きな問題ではないよ」と言い聞かせながら慰めることがよくあります。

「そうですね。怒りや恐怖、緊張といった反応が起こりやすい原因を知ることは、自分自身を知ることにつながります。もしくは、何らかの状況で自分の感情が大きく反応したら、そうした自分を客観的に見るのも良い方法です。次から同じようなことが起こった時にも、ある程度心の準備ができるはずですから」

EQに直結する物事の見方に「自分は社会からもっと与えられるべきだ」とか、「社会によく失望することがよくある」または、「自分が持っているものすべてに感謝している」という違いがあるということですが、こちらはどういった意味合いでしょうか？

「例えば、『この世界は不公平で、自分はもっと恩恵を受けるべきだ』とか、『もっと良い暮らしができるはずなのに、そうできていない』と感じ、それは世の中が悪いんだ、他人のせいだと思い込んでいる人もいます。一方で、どのような状況にあったとしても、自分が持っているものに感謝し、それらを手にすることができた自分は幸運だと感じている人も存在します。これらは意識に影響を与え、EQにも影響します」

物事を悲観的に、他者のせいにして捉えるか、今の自分をポジティブに捉え、周囲に感謝するか、という違いでしょうか。

「そうです。物事をネガティブに捉え、世の中が不公平であると不満を抱いた人は、どうするでしょうか。『あなたが悪い』とか『なぜこれを私にくれないのか』などと文句を言ったり、人に怒りをぶつけたりするでしょう。これはEQの低い行為です。

そしてもう一種類、別のEQの低い行為があります。愚痴を心の中にため込んだまま何もせず、何も状況を変えないことです。そういう人は文句を言ったり、人に怒りをぶつけたりしないかもしれませんが、この世の中を好きになることができないまま、ネガティブな感情を抱えています。先ほど、自分の感情を察知し、バランスを取れることが高いEQにつながると話しましたが、この場合はそれができていないということです」

私自身も含め、日本には後者が当てはまる人がたくさんいそうな気がします。

「私の日本の友人も同じようなことを言っていました。日本の社会や企業文化は非常に変わりにくいので、何をやっても無駄だと諦めてしまっている人が多いのだそうですね。どうせ変わらないのだから、そこにエネルギーを費やすのはやめて、仕事終わりに飲みに行って気分を晴らし、次の日また会社へ行って、同じように耐える日々を過ごしているのだとか」

改めて言語化されると恐ろしいことですが、それは実際に私の母国の現状ですね。ただ、もし、私たちがEQを発揮することができたら、そのようにネガティブに現状を見ることがなくなる、ということなのでしょうか？

「そう言えると思います。まずは小さなところから始めてみるのがいいのではないでしょうか。EQが高い人は周囲への感謝の気持ちが強く、自分自身が持っているものに目を向けますが、EQが低い人は他人が持っているのに自分は持っていないものに目が向いてしまいがちです。なぜ自分の仕事はこんなに価値がないんだ、この仕事のここが気に入らない、それは上司や社長、会社が悪いんだ、といったように感じてしまいがちです。

ですから、考え方の切り替えは、まず自分が持っているものを見るところから始めてみるといいのではないでしょうか。もし嫌な上司に耐えられないと思うのなら、もちろん職場を替える努力をしてみてもいいですが、そうできないのなら、自分にはお給料がある、いい同僚がいる、良いオフィス環境があるなどと視点を変えてみるのです。

こうした行為は、自分に睡眠術をかけているようなものですから、同時に、長期的な視点で考えることも必要ですよ。例えば会社自体が好きではないのなら、それは長く続くことなのですから、やはり職場を替えるべきです。そのような状況で『自分にはお給料がある』などと言っている場合ではありません」

捉え方次第で自分を幸せにすることができ、結果的にそれは周囲を幸せにすることもできるということですね。確かに、ネガティブなリーダーより、「そんな物事の見方もあるのか!」という視点を持つリーダーと一緒に働きたいし、そのほうが仕事の成果も出せそうです。

この他にも、「異なる意見がある時、他人を説得しようとするか、それとも対話してみようと思うか」というチェックポイントを挙げてくれましたね。これについてはどうですか？　おそらく対話を選ぶほうがEQが高いということなのでしょうが、会議の場などで意見が割れると、皆たいていの場合、どうやったら相手を説得できるかばかり考えてしまうのではないでしょうか。

「確かにそうですね。相手と対話するよりも、自分の考えを相手に受け入れてもらえるよう説得するほうが、速くて効果的でしょう。

私が言いたいのは、初めから選択肢を2つに絞る必要はないということです。

私と相手の意見が違うのであれば、相手が私の意見を受け入れるか、私が相手の意見を受け入れるかの選択肢しかなく、その他はなくなってしまうのが説得です。

では、対話とは何でしょう。対話とは、私の考えと相手の考えを掛け合わせて、私たち二人が受け入れられる、そこまで悪くない方法や、新たなより良い方法を一緒に

考えるということです」

台湾の方はこれが非常に上手だなと感じています。台湾では、企業内での立場が下であっても、どんなに若い新人でも、その人の言ったことに筋が通っていて合理性があれば、すぐに採用されますよね。

「日本は違うんですか？」

どうしても、上が言ったことにそのまま従いがちです。私自身も若い頃に会議でいわゆる〝正論〟を発言してしまい、会議後に上司から叱られたことがありました。スタートアップなどでは状況は違うかもしれませんが、伝統的な企業では何も意見せずに上司たちが決めたことに従うのが良い社員だという文化が根強い気がします。少しずつ変わってきてはいますが。

「なんだか私の両親の世代の価値観とよく似ていますね。両親たちが子どもだった頃、台湾には『耳はあるけれど口のない子ども』という表現がありました。聞くことはできるけれど、言葉を話してはならない、という意味です」

そ、それはまさか、日本統治時代からの名残だったりするのでしょうか……。恐ろしいですね。

「もしかするとそうかもしれませんね。でも、今の台湾はずいぶんそういうことはなくなりましたよ」

日本にはEQの概念が浸透していないのでよくイメージができないのですが、台湾では緊張しやすいこともEQとみなされますか？　緊張も感情の一種だと思うのですが。

「台湾では、EQは人と人の間、職場や家庭などの場で対外的なコミュニケーションに用いられる概念なので、その人が緊張しているということは含まれないような気がします。

喜び、怒り、悲しみといった感情を持つことは自由で、例えば家で一人で怒っている人のことをEQが低いとは言いません。他人に影響を及ぼさないからです。

台湾では、特にネガティブな怒りや悲しみといった感情を相手に影響させることをEQが低いと表現することが多いですね」

だんだん「台湾式EQ」の姿形がイメージできてきました。私なりに方程式を作ってみました。

「換位思考（異なる相手を理解する知的能力）」＋「自分を曲げず、それでいてみんなとより良くやっていく方法」で行動できる人＝高いEQを持つ人物

こんなイメージで合っていますか？

「合っていると思いますよ」

――当の台湾人も、多くの方が具体的に言語化してこなかった「台湾式EQ」ですから、日本でどう受け入れられるか……このチェックシートで少しでも具体的にイメージしやすくなればうれしいです。

台湾式EQを構成する5つの要素

以上のようなジルさんとの対話を経て、出来上がったチェックシートがこちらです。

1 情動の自己認識 Self-awareness

① 人に弱点を指摘されても、むやみに傷付かない。

② 自分の感情のスイッチがどこにあるか理解している。

③ 人から色々意見を言われても、自分がどうしたいかを理解している。

④ 自分の感情を客観的に観察することができる。

⑤ 自分が、さまざまな感情にどのように反応するか理解できている。

2 情動の管理 Self-regulation

①怒りを感じても、そのまま爆発することはなく、うまく処理することができる。

②苦手なことでも、やると決めたら、締め切りは守れるタイプだ。

③自分の思い通りに物事が進まなくても、考えを切り替えることができる。

④目標を達成するために必要な内在的条件（自分が達成すべき条件）を理解し、その達成のために全力を尽くせる。

⑤他人との付き合いの中で、感情（特にネガティブなもの）を交流の場に持ち込まない。

3

情動の建設的活用 Motivation

①自分の機嫌の取り方を心得ている。

②チーム内にやる気がない人がいたとしても、自分のやる気は影響されにくい。

③魅力的なお誘いや興味関心のあることがあっても、目の前の自分が集中すべきことに専念できる。

④自分の感情を素早く調整することができる。

⑤エネルギーが低下していたり、気分がイライラしている時は、重要な決断をすることを避け、決断するのに適した状態に自分を調整することができる。

4 共感―情動の読み取り Empathy

①他者の立場に立って物事を考えることができる。

②たとえ同じ体験をしていても、自分の感じ方と他人の感じ方が全く違うということを理解できている。

③相手のミスや苦手なことを指摘する時には、相手が受け入れやすい方法や環境を考えてから伝える。

④自分にとって都合の良い話だけでなく、相手の言いたいことや真意をくみ取るよう気を付けている。

⑤ポジティブ・ネガティブ問わず、他人の感情や情緒を感じ取ることができる。同時に、相手には自分が理解されていることが伝わっている。

5

人間関係の処理

Social Skill

①たとえ人と違っていても、自分の意見をアサーティブ（相手を尊重しながら自分の考えを率直に表現すること）に伝えることができる。

②必要があれば、知らない人とチームを組み協力することができる。

③他の人たちの意見が対立しても、客観的に皆の異なる意見を整理し、最後には皆が受け入れられるコンセンサスに到達させることができる。

④たとえ多くの意見の相違があったとしても、物事の解決方法を人と一緒に見いだすことができる。

⑤嫌いな相手とも協力する方法を見つけることができる。

チェックの結果を見てみよう

それぞれのチェック項目で、皆さんが自分にできるなと思ったもの、苦手だなと思った項目は何個ありましたか？　皆さんが得意な領域と、苦手な領域、それぞれを可視化することができるはずです。

ぜひ、次頁の表に記してみてください。苦手な項目があっても大丈夫です。ＥＱは自分で高めることができるのですから。ＥＱを高めるためのヒントとなる成語を第五章で紹介しています。

そして、またしばらく時間が経ったらチェックしてみてくださいね。ＥＱを鍛えた変化が感じられるかもしれません。

あなたが得意だと思った項目、苦手だと思った項目をメモしておきましょう。時々、チェックすると、変化や現在地を確認できます。

	得意だと思った項目	苦手だと思った項目
情動の自己認識 *Self-awareness*		
情動の管理 *Self-regulation*		
情動の建設的活用 *Motivation*		
共感ー情動の読み取り *Empathy*		
人間関係の処理 *Social Skill*		

第5章

イラッ・モヤッとした時に思い出したい、**台湾の言葉たち**

イラッ・モヤッとした時に思い出したい、台湾の言葉たち

ここまで「台湾式ＥＱ」について語ってきましたが、いかがでしたでしょうか。

ＥＱの高さには、今現在の自分の感情や、目の前にいる人の気持ちをいかに認識できるかが大きく関わっているようですね。何かが起きたときに、感情的になる前に、一瞬自分を客観視できるようになれば、その次の言動が変わってくるのです。

私は、思考は日々の習慣から癖付けられるものだと思っています。でも、これまで

長年染み付いた考え方の癖を変えるのはとても難しいですよね。

ですから、高EQな人の思考を癖として自分自身に定着させるための手助けをしてくれる、お守りのような言葉たちを、本書の最後で改めて皆さんに贈りたいと思います。もし職場や家庭などでイラッ・モヤッとする時があったら、これらの台湾の言葉たちを思い出してみてください。あなたを振り回そうとする感情の波を受け止める「波消しブロック」のように働いてくれることもあるでしょう。目に見えるところに貼っておいたり、スマホに保存しておくのもいいかもしれません。

実際に職場や家庭で実践して「1秒間に浮かぶ考え方次第で、180度違う結果に」という体験ができたら最高ですね。

「不委屈自己，也不為難別人的方法」

（ブウェイチューヅゥディ　イェブウェイナンビェレンダファンファ）

▼自分を曲げず、それでいてみんなとより良くやっていける方法（詳細はP19を参照）

オードリー・タン氏が中学2年生の頃、当時42歳の母親に向かって発した言葉。

主流の教育と相いれないギフテッドのオードリーさんは、中学校に通わないことを決めた代わりに、生徒が学校に来ないと困る立場の教師や校長たちの立場を考え、自分で考えた自主学習のプランを学校の先生方に説明して回りました。

私は、台湾式EQとはまさに「自分を曲げず、それでいてみんなとより良くやっていける方法を見つけることのできる力」であると感じています。

「鑽牛角尖」(ジュアン ニィウ ジィアオ ジィエン)

▼牛の角の奥へと突き進む(詳細はP49を参照)

「牛の角の奥へと突き進む」といった表現で、日本語にすると「思い詰める」といった意味の台湾の成語(ことわざ)。

他にもたくさん方法や答えはあるはずなのに、『こうあるべき』という思いが強く、1つのことにばかり意識が向かってしまうと、結局のところ、自分自身がどんどん苦しくなってしまいます。

物事を突き詰めて追求できるのは長所でもありますが、自分自身が苦しくなるくらい思い詰めてしまった時にはこの言葉を思い出し、「自分が牛の角の先端へと向かっていないか?」と、自分を客観視するのが効果的かもしれません。

「對事不對人（ドゥイシーブドゥイレン）」

▼その人ではなく、物事を見る法（詳細はP52を参照）

台湾で昔から繰り返し言われてきたことわざ。標語にもよく使われています。何かを批判する時にはその人の人格まで責めるようなことはせず、あくまでその人が取った行動についてのみにとどめようといった意味合い。

私にこの言葉を教えてくれたのはオードリー・タン氏でした。

「叱るという行為は、その人の態度についてではなく、ある物事に対して行われるべきです。その人に対する批評と、間違った行為を正すことは異なる行為だからです。たとえば、誰かがはみ出し駐車をしている時も、赤信号で横断歩道を渡っている時も、その人を否定するのではなく、その出来事に対する批評であれば人前であっても言っていいと私は思いますよ。

このことを表す『對事不對人（人ではなく、物事に対して行おうという意味）』という台湾の流行語があります。英語だと〈Don't take it personally〉といったところですね。台湾でこの漢字五文字を知らない人はほとんどいないでしょう。誰もが１００回は聞いたことがあると思います」（拙著『オードリー・タンの思考 ＩＱよりも大切なこと』より一部抜粋）

台湾で生活していると、この「對事不對人」が深く根付いているのがよく分かります。路上喫煙後にポイ捨てした人や、セクハラ発言を注意する時、会議中に相手が気付いていない大きな過失を指摘するとき……。ここ数カ月間で私が見かけたこれらのケースでも、注意する側は相手の人格まで言及せず、その行為自体を問題にして話をしていました。確かにこのほうが、注意を受けた側も受け入れやすいのかもしれません。注意された側は「あぁそうだった、ごめんごめん」といった態度で素直に謝罪していました。

「做人比做事更重要」

(ズゥオレンビーズゥオシーゲンヂョンヤオ)

▼何かを成し遂げるより、人を大切にするほうが重要だ

「做人」とは、台湾華語で「相手のことをよく考える、親切な人」といった意味で、台湾には「做人比做事更重要(何かを成し遂げるより、人を大切にするほうが重要だ)」といった概念が存在します。見返りを求めず人を大切にする本物の「做人」でありたいものです。

類似したものに「先做人再做事(人を大切にしてこそ、何かを成し遂げられる)」という表現もあり、これらがオンラインアンケートに数多く寄せられたのを見て、この考え方が台湾に深く根付いていると感じました。

「最好版本的自己（ズイハオバンベンダヅゥディ）」

▼最も良いバージョンの自分

この言葉を聞いたのは、ジル・チャンさんとの会話でした。

ジルさんが、ベストセラーになった著書『「静かな人」の戦略書』を出版した時に呼びかけたメッセージこそが、「我要活出最好版本的自己（私は最も良いバージョンの自分として生きていきたい）」だったのです。

WindowsやMacといったOSにさまざまなバージョンがあり、日々より良いものへとアップデートされるように、私たち一人ひとりにもさまざまなバージョンがあります。そのバージョンは他者や時代の影響を受けながら、自分自身によってアップデートされていきます。

怒りなどのネガティブ感情のパワーは非常に強烈で、それにあらがうことはとても難しいですが、それを「そのまま相手にぶつけてしまいたい！」という思いに駆られた時、「それは、最も良いバージョンの自分だと言えるだろうか？」と、自身に問いかけてみてはどうでしょうか。

「情緒垃圾桶（チンシュウラーサートン）」

▼感情のゴミ箱

台湾には「情緒垃圾桶（感情のゴミ箱）」というユニークな表現があります。「私はあなたの感情のゴミ箱じゃない！」「私をあなたの感情のゴミ箱にしないで」などと用いられることもありますが、ＥＱについて表現するなら、「不會把別人當作自己的情緒垃圾桶（他人を自分の感情のゴミ箱にすることがない）」人が、高ＥＱな人だと言えるでしょう。

自分がネガティブな感情を人にそのまま押し付けていないか、または押し付けられることを無理に受け入れてしまっていないか……。そんなことを意識してみるのもまた、あなた自身の心をケアしてEQを高めることにつながっています。

自分の感情をうまく自己処理できるように、まずは自分の感情を観察するところから始めてみましょう。

「合作才能雙贏（ホアズゥオツァイナンシュアンイン）」

▼協業してこそ「Win-Win」が実現できる

これも、オンラインアンケートに寄せられた意見です。

「たとえ相手の意見に同意できなくても、相手のことを言い負かさないでください。お互いが協力してこそ、双方にとって有利な状況をつくり出すことができるのですから」

この「細かいところは気にせず、実を取る」といったマインドは、多くの台湾人と一緒に仕事をしていてよく感じることがあります。

例えば、多くの管理職たちは部下が仕事中にネットサーフィンやチャットをしていたとしても、彼らがきちんとやるべき仕事をしていれば、細かく注意することはありません。気持ちよく仕事をしてくれたほうが、自分にとってもメリットがあると考えているからです。

むしろ、多くの要求をするということは相手からも要求されるものが多くなって当然であり、勤務時間中に仕事以外の行動を一切許さないのであれば、それなりの待遇を提供しなければならなくなるといった風潮もあります。給与も福利厚生も一般的ならば、働く側もそれなりの態度で仕事するというのが複数の職業や肩書を持つ「スラッシュキャリア」や、家族や社会のためにも協力してあれこれ雑用をこなすのが当たり前の「台湾流Ｗｉｎ－Ｗｉｎ」であるように感じられます。

「相手側の言い分や行動に多少受け入れられない部分があっても、そこはあえて追求せず、クリティカルな部分での合意形成に努めることが最優先」という考え方にも、学べるところがあるのではないでしょうか。

「不要活在別人的期待中(ブーヤオホオザイビェレンダチーダイヂョン)」

▼他者の期待の中で生きるのはやめよう(詳細はP72を参照)

自己と他者の間に心理的な境界線「バウンダリー(Boundary)」を引くことの大切さを説いた時にジル・チャンさんが紹介してくれた、台湾でよく使われる表現です。

ついつい相手の要求や気持ち、事情などをくみ取って、自分が無理をしてまで合わせてしまうこと、私にはよくあるのですが、皆さんはいかがですか？ 良かれと思ってしていることでも、結局自分に負担や不満が蓄積し、最後に爆発してしまうのは、台湾ではEQが低い行為だと見なされます。「相手のためを思って」行動するのではなく、相手と自分の事情を鑑みながら、最後には自分で決めて行動するのです。

そのためにも、自分にとっての「バウンダリー」がどこにあるかを把握するため、普段から自分の気持ちの変化を観察してみることは、自分のEQを高めるためにとても重要な作業です。

そして、本書の中でジルさんが教えてくれたように、他者である上司と、自分の期待値をすり合わせる作業をすることで、私たちはもっとやりがいを持ってパフォーマンスを発揮することができるようになるということも、心に留めておきたいです。

「爛好人（ランハォレン）」

▼〝ダメな〟良い人（詳細はP45を参照）

日本語の「ただの良い人」は、「just a good person（ただの良い人に過ぎない）」といった、良いとも悪いともはっきりしない表現ですが、台湾華語では「ただの良い人」を「爛好人」と呼びます。「爛（ラン）（rotten／suck／poor）」とは、「ダメな、腐った」などというネガティブな意味の形容詞ですので、「好人（良い人）」と合わせると「〝ダメな〟良い人」という意味になります。

「良い人と思われたい」一心で、ついつい人から要求されたままに仕事を引き受けたりしていないか、セルフチェックをする時に、この「爛好人」という言葉を思い出してみてください。

「異中求同能力（イーヂョンチョウトンナァンリー）」

▼異なる中に共通するものを見つける
「Unity in diversity」の能力（詳細はP88を参照）

衝突を嫌い、和を尊しとする台湾の価値観は、日本にも通じるものがありますよね。ただ、この点で台湾と日本にギャップがあるとするなら、台湾は多民族・多様性社会においても「大まかなコンセンサス」をつくり上げるのが非常に上手であるという点です。

台湾では、多様性の中で合意を形成することのできる能力を「異中求同能力」と呼び、非常に評価されています。

もし、人の意見が自分と違うことに傷付き、モヤモヤを感じるようなことがあったら、それは自分が成長することのできるチャンスです。この台湾の言葉を思い出し、ぜひ「異中求同（異なる中に共通するものを見つける）」ことに挑戦してみてください。

「見人說人話(ジェンレンショーレンホア)，見鬼說鬼話(ジェングェイショーグェイホア)」

▼人に会ったら人の言葉を話し、幽霊に会ったら幽霊の言葉を話す（詳細はＰ88を参照）

自分とは異なる価値観や文化背景を持つ人々とコミュニケーションする時に思い出したいのが、米国で働き、数々の実績を収めてきたジル・チャン氏が教えてくれたこの言葉です。

〝良い〟とされることが全く違う米国と台湾の間で悩んだジルさんが、「大切なのは相手とコミュニケーションを取ることであり、〝相手に分かるように話す〟ことだ」と考え、完全に米国のやり方に合わせるのではなく、自分が心地よいと感じられる程度のバランスで米国側のやり方に合わせることでパフォーマンスを発揮できるようになった過程には学べるところが多いと思います。

まずは自分自身の感情や他者との境界線「バウンダリー」を深く理解し、どこまでなら、どういう方法なら無理なく相手に合わせられるのかを観察することも大事ですね。

そして、「よし、これから私は幽霊に対して幽霊の言葉を話そう」などと頭の中でイメージしながら他者と話してみるのも一手かもしれません。もちろん「幽霊」ではなく、「妖精」とか、「どこか架空の国の人々」など、設定は皆さんの自由です。

「脾氣不好（ピーチーブハオ）」

▼癇癪のように、怒りをそのまま周囲にぶつける人のこと

台湾では、怒りの感情をそのまま周囲にぶつける人のことを「脾氣不好（ピーチーブハオ）」と呼びます。「脾氣不好」な人は低ＥＱであり、「あの人は『脾氣不好』だから、ちょっと距離を置いて付き合おう」などと言われ、好かれることはあまりありません。

湧き上がってきた強い怒りをそのまま人にぶつけてしまった場合、それが台湾では通常の怒りと区別され「脾氣」と呼ばれていることを思い出してみてください。そして、そうした状況をできるだけ繰り返さないよう、自分の怒りの感情と向き合ってみる機会を設けてみるのも良い方法かもしれません。

「理知線會斷掉的人，EQ可能不夠」

▼ブチ切れる人はEQが足りていないのかも（詳細はP63を参照）

ジル・チャンさんとの対話で、高EQの人は情動が安定しているという話になりました。

ジルさんによれば、EQが高い人は、自分の感情が高まっているか低くなっているか、それを常に理解して調整することができ、自分の感情で他者に影響を与えることもないそうです。

だからこそ、「ネガティブな感情を抱いても、その感情に引っ張られることがないので、台湾で言うところの『理知線が切れる（日本語でブチ切れる）』ことはありません。逆に言えば、〝ブチ切れる人はEQが足りていない〟ということになります」ということでした。

「理知線が切れる」と言われると、本能や感情に支配されることなく理性的に物事を判断するための〝理知線〟がブチッと音を立てて切れる様がビジュアルでイメージしやすいように感じますが、いかがでしょうか。

自分の脳内にある〝理知線〟をイメージしながら感情の高低差を感じることで、ブチ切れる状態を避けることができたら良いですね。

「我們不能改變任何1個人，那我們只能改變我們自己對應它的方式」

▼私たちは他人を変えることなど決してできない。自分の受け止め方を変えるしかないんだ

世界的なベストセラーとなったダニエル・ゴールマン氏の著書『EQ　こころの知能指数』台湾翻訳版の出版元、時報文化出版の趙政岷董事長兼社長の言葉。

「和をもって尊し（人和為貴）」「人間本位（以人為本）」といった考え方が台湾でも根強く支持されていることを紹介してくれた趙董事長が、ＥＱがなぜ大切なのかを語ってくれました。

「他人を変えるのは到底無理だから、自分を変えよう」ということは、日本でもよく言われています。その「自分を変える」という部分を具体化したのが、趙董事長の言うところの「自分の受け止め方」であり、「怒りなどといったネガティブ感情をそのまま周囲にぶつけることなく、自分で処理できるＥＱという能力」につながるのだと思います。

著者／近藤弥生子（こんどうやえこ）
台湾在住ノンフィクションライター

1980年生まれ。東京の出版社で雑誌やウェブ媒体の編集に携わったのち、2011年に台湾に移住。結婚、出産を経て一度日本に戻ったものの離婚し、2歳の長男を連れて再度台湾に移住。現地企業で約6年働き、再婚、次男を出産。日本語・繁体字中国語でのコンテンツ制作会社を設立。オードリー・タンからカルチャー、SDGs界隈まで、生活者目線で取材し続ける。近著に『台湾はおばちゃんで回ってる?!』（だいわ文庫）『オードリー・タンの思考』（ブックマン社）

取材協力／ジル・チャン（張瀞仁）

国際フィランソロピー・アドバイザーとして、米国のファミリー財団の国際寄付計画や、アジアの非営利組織を海外募金戦略立案でサポート。26歳で男性比率99%のスポーツマネジメントの世界に入り、5名の台湾野球選手のメジャーリーグ契約を手がけた。米国州政府で米国とアジア間の商務、調達、貿易関連プロジェクトを担当するなど、10年以上にわたってさまざまな業界を経験。世界各地での講演や職場のアドバイザーとして活躍中。著書『「静かな人」の戦略書』（ダイヤモンド社）は7言語に翻訳され、日本では20万部のセールスを記録。撮影／王愷云（Kai-Yun Wang）

心を守りチーム力を高める　EQリーダーシップ

2024年 5月20日　第1版第1刷発行

著　者	近藤弥生子
発行者	佐藤珠希
発　行	株式会社日経BP
発　売	株式会社日経BPマーケティング 〒105-8308 東京都港区虎ノ門4-3-12
装丁デザイン	結城 亨（SelfScript）
本文デザイン・制作	藤原未央
編　集	小島潤子
印刷・製本	図書印刷株式会社

ISBN 978-4-296-20497-7　Printed in Japan